매일매일 아름답게

매일매일 아름답게

조주연 지음

이음과펼침

프롤로그

미용실은 수많은 사람의 이야기가 머물다 가는 곳입니다. 저는 매일 그들의 머릿결을 만지며 그 속에 담긴 웃음과 눈물을 함께 나눕니다.

어떤 날은 고객님의 머리 스타일을 정성껏 만져주다가, 정작 헝클어진 제 머리를 보고 씁쓸한 미소를 짓기도 했습니다. 다른 사람의 모습은 반듯하게 다듬어주면서, 정작 제 모습은 돌볼 틈 없이 살아온 세월이 거울 속에 있었습니다.

하지만 그 수많은 이야기 속에서 제가 발견한 것은 사실 '내면의 나'였습니다. 타인의 삶을 비추는 거울 뒤에서 조용히 숨어 있던 저의 진심을 만났습니다.

이제 저는 타인의 머리카락을 만지던 그 부드러운 손길로, 거칠어진 제 마음을 어루만져 보려 합니다.

이 글들은 제가 마음의 평온을 얻기 위해 내디딘 정직한 발자국들입니다. 바쁘다는 핑계로 놓치고 살았던 나의 호흡, 나의 이름, 그리고 나의 행복을 찾아가는 길 위의 기록입니다.

저의 소박한 이야기가 당신에게도 잠시 멈춰 서서 스스로를 안아줄 수 있는 따뜻한 쉼이 되기를 바랍니다.

"비로소 나를 마주하는 시간, 마음이 머무는 곳에 평온이 깃듭니다."

목차

3부 일상에 스며든 인생

4부 버티고 나아가는 힘

1부
스스로를 세우는 시간

어른이 된다는 것

어른이 된다는 건 참 어려운 숙제다. 흔히 아이들은 부모의 뒷모습을 보면서 자란다고 한다. 예전에는 아이들을 키우느라 뒤쫓아 다니기 바빠 미처 몰랐는데, 사춘기에 접어든 아이들의 모습을 가만히 보고 있으면 그 안에 나와 남편의 모습이 묘하게 섞여 있는 것을 발견한다.

때로는 아이의 엇나가는 행동을 보며 “쟤는 왜 저래? 누굴 닮은 거야?”, “왜 저렇게 공부를 안 하는 거야?”라며 날 선 원망을 쏟아내기도 했다. 은근슬쩍 남편의 성격을 닮아 그렇다며 화살을 돌려보기도 했지만, 결국 그 화살은 부메랑처럼 돌아와 내 가슴에 꽂혔다.

엄마인 내가 아이를 저 지경으로 만들었다는 죄책감, 잘 키우고 있다고 믿었지만 사실은 나의 부족함이 아이의 거울이 되었다는 사실을 깨달았을 때의 괴로움은 이루 말할 수 없었다.

얼마 전, 우리 집 큰아들이 귀가 시간을 어겼다. 규율을 어겼으니 벌로 용돈을 줄 수 없다고 단호하게 말하자, 아이는 크게 분노하며 대들었다. 그동안 참을 만큼 참았다며 쏟아내는 아이의 반항 앞에, 나도 모르게 이성을 잃고 말았다. 나 또한 지지 않겠다는 오기로, 갱년기가 사춘기보다 더 무섭다는 것을 보여주겠다는 듯 아이의 앞을 막아섰다.

"이제 너랑은 말도 안 할 거야! 용돈도 한 푼도 없어!"

방으로 돌아와 혼자 거친 숨을 몰아쉬며 생각했다. 한숨을 깊게 내쉬고 다시 나를 비춰보니, 참으로 어른답지 못한 행동이었다. 아이의 수준과 똑같이 맞서며 엄마의 권위도, 어른스러운 여유도 잃어버린 내 모습이 민망하게 다가왔다.

후회가 밀려왔다. 잠시 마음을 가라앉힌 뒤 다시 아들을 불렀다. 아이의 말도 제대로 들어보지 않고 먼저 화부터 낸 것에 대해 진심으로 사과했다. 그리고 다시는 용돈을 빌미로 너를 휘두르려 하지 않겠노라고 약속했다. 다행히 아들도 엄마에게 화를 내서 미안하다며 고개를 숙였다.

내가 조금 더 어른스럽게, 감정을 앞세우지 않고 그 상황을 세심하게 지켜봤다면 그렇게까지 소리를 지르지는 않았을 것이다. 아이를 키우는 엄마라면 누구나 한 번쯤 겪는 일일 테지만, 내 감정을 객관적으로 바라보고 성숙하게 행동하는 것은 여전히 쉽지 않은 일이다.

진정한 어른의 권위는 강압이나 분노에서 나오는 것이 아니라, 경청과 사과를 통해 스스로 감정을 통제하고 상황을 수습하는 인격에서 비롯된다는 것을 다시금 깨닫는다. 현상을 세심히 관찰할 때 비로소 진정한 소통이 시작된다는 것을 말이다.

어른이 된다는 것은 단순히 나이를 먹는 일이 아니라, 내면의 아이를 다스리고 타인의 성장을 기다려줄 줄 아는 인내의 과정을 뜻한다.

러디야드 키플링의 시 <만약에>에서 말하듯, 우리가 도저히 용서할 수 없는 그 뜨거운 '1분'을 객관적인 시선으로 바라볼 수 있는 '60초'로 바꿀 수 있을 때, 우리는 비로소 한 사람의 어른으로 거듭난다.

거울 속의 내 모습을 다듬듯, 마음의 결을 다듬는 일은 평생의 숙업과도 같다. 아들에게 사과하며 건넨 말은 굴복이 아니라, 부모로서 보여줄 수 있는 가장 높은 수준의 용기였다. "미안하다"는 말 한마디가 아이의 닫힌 마음을 열었듯, 어른의 진정한 힘은 힘을 주어 상대를 누르는 데 있는 것이 아니라, 힘을 빼고 상대를 품어 안는 데 있다.

갱년기와 사춘기가 충돌하는 그 치열한 전장 속에서도 우리가 잊지 말아야 할 것은, 아이는 우리의 소유물이 아니라 우리를 통해 세상에 나온 독립된 인격체라는 사실이다. 아이의 부족함에서 나의 그림자를 발견할 때 괴로워하기보다, 그 그림자를 걷어낼 수 있는 빛이 되어주는 것이 부모의 역할일 것이다.

키플링의 시처럼, 모두가 나를 비난할 때 고개를 들 수 있고, 모든 걸 잃은 뒤에도 다시 일어설 수 있는 강인함, 그리고 무엇보다 나 자신을 절제할 수 있는 힘을 기르고 싶다.

어른이 되는 길은 여전히 멀고 험난하지만, 오늘 아들과 나눈 사과 한마디가 그 길을 한 걸음 더 나아가게 했다. 사람으로, 그리고 어른으로 성장하는 일은 완벽해지는 것이 아니라 끊임없이 자신의 모자람을 인정하고 고쳐나가는 정직한 과정임을 잊지 않으려 한다.

수기치인(修己治人)

내 몸을 닦고 나서 남을 다스린다는 것으로, 백성을 덕으로 다스림을 의미합니다.

인욕부중(忍辱負重)

모욕을 참으며 중대한 책임을 지는 태도를 뜻합니다. 개인의 인내와 희생을 통해 성장하거나, 사회적 관계를 유지, 강화하는 데 필요한 태도입니다.

직업의 전환

식품영양학과를 졸업하고 영양사가 되기 위해 나도 여느 청춘들처럼 취업 전선에 뛰어들었다. 당시에는 이 회사 저 회사 문을 두드리며 원서를 내기 바빴고, 좁은 취업 문을 통과하기란 여간 힘든 일이 아니었다.

그러다 운이 좋았던 것인지, 집 근처 모교인 여고에 영양사 자리가 나게 되어 첫 직장 생활을 시작하게 되었다.

모교에서 근무한다는 자부심에 누구보다 잘 해내고 싶어 무던히도 애를 썼다. 하지만 학교라는 조직의 생리는 만만치 않았다.

무엇보다 좁은 조리실과 사무실이라는 한정된 공간에 갇혀 매일 반복되는 일상을 보내는 것이 내게는 큰 답답함으로 다가왔다. 마음 한구석에서는 자꾸만 다른 세상에 대한 갈증이 일었다.

결국 나는 인생의 큰 결심을 내렸다. 이것이 정말 나에게 꼭 맞는 일인지는 확신할 수 없었지만, 평소 마음속에 품어왔던 관심 분야에 몸을 던져보기로 한 것이다. 부모님의 거센 반대를 무릅쓰고 내가 진짜 하고 싶은 일을 찾아 서울로 향했다.

청담동에 있는 미용학원을 등록하고, 근처에 작은 자취방을 얻었다. 난생처음 마주하는 완전한 독립이었다. 학원 수업이 끝나면 근처에서 아르바이트를 하며 생활비를 벌어야 했기에 몸은 고단했지만, 내가 직접 선택한 길이었기에 단 한 번도 힘들다는 생각을 해본 적이 없었다.

처음 학원에 갔을 때는 가발에 빗질조차 제대로 하지 못했다. 전혀 경험해 보지 못한 분야였기에, 가장 기본 중의 기본인 빗질조차 서툴 줄은 꿈에도 몰랐다. 남들보다 뒤처진다는 생각에 수업이 끝나도 남아서 연습했고, 아침에는 누구보다 일찍 등원해 가발 앞에 섰다.

‘연습, 수업, 연습, 아르바이트’

쳇바퀴 같은 일상이었지만, 꾸준한 노력 끝에 나의 손끝은 점점 섬세해졌다. 심지어 집에 돌아와서도 쉴 새 없이 가위질 연습을 멈추지 않았다. 몸은 피곤했어도 마음은 그 어느 때보다 행복했다.

필기시험은 거뜬히 합격했다. 그리고 6개월간의 피나는 연습 끝에 첫 실기 자격증 시험을 치렀다. 그렇게 열심히 했으니 당연히 붙을 줄 알았지만, 결과는 낙방이었다. 쓰라린 실패의 맛을 본 뒤 한 달 뒤 다시 실기 시험에 도전했다.

마침내 '합격'이라는 두 글자를 마주했을 때, 세상을 다 얻은 것 같은 기쁨이 밀려왔다. 나의 진짜 인생이 시작되는 순간이었다.

모교의 영양사라는 자리는 누군가에게는 부러움의 대상이자 평온한 안식처였을 것이다. 하지만 그곳은 안전하지만 날개를 펼 수 없는 좁은 새장과 같았다. 인생의 전환점은 대단한 계기가 아니라, 내면에서 들려오는 '이것이 정말 나의 길인가?'라는 작은 의구심을 외면하지 않을 때 시작된다.

안정된 직장을 박차고 나와 낯선 서울 하늘 아래서 자취방을 구하고 빗질부터 다시 배우는 과정은, 단순히 직업을 바꾸는 일이 아니라 삶의 주도권을 회복하는 과정이었다.

부모님의 반대를 무릅쓰고 선택한 길이었기에, '힘들다'고 말할 권리조차 사치로 느껴졌다. 오히려 그 간절함이 저를 채찍

질했고, 휴지를 가위로 자르는 무의미해 보이는 연습조차 달콤한 수행으로 만들어주었다.

인간은 주어진 환경에 순응하는 것이 아니라 스스로 본질을 찾아 끊임없이 변모하는 데 있다. 실기 시험에서의 첫 실패는 겸손을 가르쳐주었고, 두 번째 도전의 성공은 스스로 일궈낸 성취가 얼마나 값진 것인지를 일깨워주었다.

만약 그날의 낙방에 좌절해 포기했다면, 지금 고객들의 머리카락을 만지며 행복해하는 미용사 주연은 존재하지 않았을 것이다.

우리는 흔히 너무 늦었다고 말하거나, 현실의 벽이 너무 높다고 핑계를 대곤 한다. 하지만 진정으로 하고 싶은 일을 찾았을 때, 우리 몸 안의 모든 감각은 깨어난다. 서툰 빗질이 숙련된 가위질이 되기까지 흘린 땀방울은 제 인생의 가장 찬란한 훈장이 되었다.

지금 이 순간에도 가슴 속 어딘가에 사직서를 품고 다른 꿈을 꾸는 이들이 있다면 말해주고 싶다. 익숙한 곳을 떠나는 두려움보다, 나답게 살지 못하는 지루함을 더 경계해야 한다고 말이다.

가위 하나를 들기 위해 보냈던 그 치열했던 청춘의 시간은, 오늘날 고객의 헤어를 아름답게 다듬어낼 수 있는 든든한 밑거름이 되었다.

태연자약(泰然自若)

마음에 어떤 자극이 주어져도 움직임이 없이 흔들리지 않음을 의미합니다.

유능제강(柔能制剛)

부드러운 것이 강하고 굳센 것을 이긴다는 뜻입니다. 유도의 기본 정신으로 소개되며, 상대의 힘과 균형을 이용해 최소한의 힘으로 최대 효과를 얻는 원리로 설명됩니다.

스텝

할 일이 많았고 마음은 늘 급했다. 미용을 시작한 나이가 결코 늦은 편은 아니었지만, 현장에는 나보다 훨씬 어린 친구들이 수두룩했다.

남들보다 한 걸음이라도 더 앞서가기 위해 내가 원하는 곳, 배움의 체계가 확실한 곳에 들어가려고 무던히도 애를 썼다. 당시 미용계에서 교육 시스템이 좋기로 유명했던 '박승철 헤어 스튜디오 압구정점'이 나의 본격적인 미용 인생이 시작된 곳이다.

스텝 시기에는 무엇보다 눈치가 빨라야 했다. 나의 메인 선생님이 쉬고 계실 때면, 고객이 몰려 바쁜 선생님 옆에 찰떡같이 붙어 서브라도 해가며 어깨 너머로 기술을 배워야 했다. 나보다 나이는 어리지만 경력은 선배인 친구들과도 원만하게 지내기 위해 부단히 노력했다.

그 시기 나의 머릿속엔 오직 한 가지 생각뿐이었다.

'빨리 실력 있는 디자이너가 되고 싶다.'

본사에서 진행하는 모든 교육을 빠짐없이 듣고 테스트를 치렀다. 쉬는 날이면 거금을 들여 외부 전문 교육기관을 찾아가 또 배웠다. 남들보다 일찍 출근해 연습하고, 고된 일과가 끝나면 다시 남아서 연습했다. '어떻게 하면 연습용 가발을 조금이라도 더 싸게 살 수 있을까'가 당시 나의 가장 큰 고민이었다. 그야말로 연습, 또 연습만이 살길이라 믿었다.

파마, 드라이, 염색, 커트, 샴푸 등 모든 교육을 섭렵했고, 누군가 실력이 좋다는 소문이 들리면 어디든 달려가 배웠다. 드라이 실력을 키우고 싶어 쉬는 날엔 논현동 드라이 숍에서 아르바이트하며 현장 감각을 익히기도 했다.

커트 학원도 새로 등록했다. 영국 비달사순 연수를 다녀온 선생님이었는데, 기대만큼 실력이 훌륭하셨다. 그곳에서 기술은 물론 고객 앞에서 기죽지 않고 커트하는 법, 자연스럽게 손님을 응대하는 태도까지 세심하게 배웠다.

손끝에 조금씩 감각이 붙기 시작하자 실전 경험을 쌓기 위해 봉사활동을 자처했다. 군부대, 고아원, 탑골공원, 복지관, 병원…. 발길이 닿는 곳마다 가위를 들었다. 실력을 키우고 싶다는 일념에 사적인 만남은 일절 끊었고, 남자 친구를 소개해주겠다는 제안도 모두 거절했다.

당시에는 스텝 기간을 보통 3년 정도 거쳐야 디자이너를 달 수 있었다. 스탭 2년 차를 넘어서자 마음은 극도로 불안해졌다. 빨리 되어야 한다는 강박에 사로잡혀 쉬는 날도 없이 아침 연습, 근무, 밤 연습을 쳇바퀴 돌듯 반복했다.

그런데 이상하게도 연습량에 비해 실력이 느는 것 같지 않았다. 그토록 많은 교육을 받고 밤잠을 설쳐가며 연습하는데도 제자리걸음인 것 같아 답답함이 밀려왔다. 시간만 허비하는 것 같아 괴로웠다.

시간이 흘러 3년 차가 되었을 때, 어느 순간 거짓말처럼 모든 것이 손에 익기 시작했다. 그렇게 안 되던 것들이 자연스럽게 풀리고 흐르기 시작한 것이다.

그때 깨달았다. 시간이 지나야만 비로소 이루어지는 것들이 있다는 사실을. 과일이 햇살과 바람을 견디며 익어가듯, 기술과 감각도 시간이라는 숙성의 과정을 거쳐야 영글어진다.

지금 돌이켜보면 그 시절을 조금 더 즐겼어도 좋았을 텐데 싶다. 지금도 마찬가지다. 벗어날 수 없으면 즐기면 된다. 내가 진심으로 원한다면 그렇게 되어간다.

누구나 가장 빨리 목적지에 도착하기를 꿈꾼다. 특히 뒤처졌다는 조급함이 앞설 때, 시간은 나를 돕는 아군이 아니라 갉아먹는 적군처럼 느껴지기도 한다.

3년이라는 스탭 시절 동안 겪었던 그 막막함과 답답함은, 사실 실력이 늘지 않았던 것이 아니라 에너지가 비등점을 향해 끓어오르던 과정이었다.

물은 99도까지는 아무런 변화가 없다가 100도가 되는 찰나에 비로소 끓기 시작한다. 99도에서 멈춘 사람에게 그 시간은 무의미한 기다림이겠지만, 1도를 더 견디면 세상을 바꾸는 수증기가 된다.

미용 기술 또한 마찬가지였다. 수만 번의 가위질과 수천 번의 빗질이 당장은 표가 나지 않아도, 적정 시간이 채워지는 순간 손끝에는 감각이라는 마법이 깃들었다.

시련과 인내의 시간은 단순히 기술을 익히는 단계를 넘어, 일을 대하는 태도를 빚어주었다. 탑골공원과 병원을 누비며 봉사하던 그 치열한 시간은 단순히 커트 횟수를 늘리는 행위가 아니라, 사람의 머리카락을 만지는 일의 무게를 몸으로 익히는 과정이었다.

"시간이 지나니 되어지더라"는 담담한 깨달음은 정직하게 노력하는 이에게 시간은 반드시 보상을 가져다준다는 삶의 원리와도 같다.

조급함이라는 안개를 조금만 걷어내면 오늘 하루의 연습도 그 자체로 의미가 생긴다. 영글지 않은 열매를 억지로 딸 수 없듯, 실력 또한 시간의 햇살 아래 충분히 익어가는 과정이 필요할 뿐이다.

절차탁마(切磋琢磨)

옥돌을 자르고 갈고 닦는다는 뜻으로, 학문이나 기술을 끊임없이 갈고 닦아 경지에 오름을 이르는 말입니다.

수적석천(水滴石穿)

작은 물방울이 계속해서 떨어지면 돌을 뚫는다는 뜻입니다. 작은 노력이 꾸준히 반복되어 결국 큰 성취를 이룬다는 의미를 담고 있습니다.

초급 디자이너

길고 길었던 스텝 시절을 지나 드디어 초급 디자이너 배지를 달았다. 더 넓은 세상을 경험하기 위해 새로운 곳으로 자리를 옮겨 본격적인 디자이너 생활을 시작했다.

미용 인생 전체를 통틀어 지식과 기술을 가장 스펀지처럼 흡수하는 때가 바로 이 시기다. 모든 과정을 스스로 해낼 수 있다는 자신감이 붙으면서도, 동시에 다른 디자이너들의 스타일이 가장 예민하게 눈에 들어오는 때이기도 하다.

어떤 미용실에서 어떤 원장님을 만나느냐에 따라 나만의 고유한 스타일이 결정되기에, 어쩌면 실력이 뛰어난 스승을 만나 나의 색깔을 만들어가는 가장 중요한 시기라고 할 수 있다.

나 역시 특정 분야를 전문적으로 잘하는 곳을 찾아가 하나라도 더 배우기 위해 온 힘을 쏟았다. 몸은 힘들었지만, 하루하루가 새로움으로 가득 차 즐거웠다. 이제는 스텝으로서 누군가를 돕는 역할이 아니라, 고객을 직접 대면하여 커트하고 파마와 염색을 집도하는 책임자가 된 것이다.

하지만 실전은 연습과 달랐다. 가발을 두고 수만 번 가위질을 연습했건만, 막상 살아있는 고객 앞에 서니 눈조차 제대로 맞추기가 힘들었다. 긴장한 탓에 고개를 푹 숙인 채 고객 뒤에 서서 한참을 머뭇거렸다. 얼굴은 홍당무처럼 빨개졌고 거울 속에 비친 고객의 얼굴을 쳐다볼 엄두도 내지 못한 채 정신없이 시술을 이어갔다.

겨우 드라이를 마치고 앞머리를 자를 차례가 왔을 때, 떨리지 않는 척 애써 태연함을 가장하며 고객의 얼굴 쪽으로 몸을 내밀었다. 조심스럽게 눈을 맞추고 가위를 들었다. 앞머리가 삐뚤다. 다시 가다듬고, 한 번 더 확인하며 작품을 완성해 나갔다.

마침내 시술이 끝났다. 고객에게 뒷거울을 보여드리고 손질법과 헤어 제품 사용법까지 상세히 설명해 드렸다. 엘리베이터 앞까지 따라가 정중히 배웅 인사를 했다. 고객은 만족스러운 표정으로 나를 바라보며 고맙다는 인사를 남기고 떠났다.

나의 첫 번째 커트가 드디어 끝난 것이다.

손님이 가시자마자 나는 직원 휴게실로 뛰어 들어갔다. 참았던 숨을 크게 내뱉으며 후끈거리는 뜨거운 얼굴을 두 손으로 감쌌다. '잘해냈어. 정말 잘했어.' 속으로 나 자신에게 아낌없는 칭찬을 건넸다.

'잘했어, 조주연! 파이팅!'

이런 고비를 여러 번 넘기며 나는 조금씩 성장했고, 디자이너로서의 나를 완성해 나갈 수 있었다.

연습용 가발과 실제 고객의 머리카락 사이에는 마음이라는 커다란 강이 흐른다. 가발은 실수해도 다시 씌우면 그만이지만, 사람의 머리카락은 단 한 번의 가위질에도 그 사람의 하루, 어쩌면 한 달의 기분을 결정짓기 때문이다.

초급 디자이너 시절 겪었던 그 뜨거운 안면홍조와 손끝의 떨림은, 미용사로서 가져야 할 가장 정직한 책임감의 증거이기도 하다.

처음으로 고객의 눈을 마주하고 앞머리를 자르던 순간의 긴장감은 일종의 통과의례와 같다. 거울 속 고객의 얼굴을 보지 못할 만큼 얼어붙었던 신참 디자이너가 휴게실에서 스스로를 다독이며 다시 일어서는 과정은, 기술이 손에 익는 과정보다 훨씬 값진 내면의 단련이다.

누구나 처음은 서툴고 두렵다. 하지만 그 떨림을 외면하지 않고 온몸으로 받아냈을 때, 비로소 기술은 예술이 되고 직업은 소명이 된다. 붉게 달아오른 얼굴을 어루만지며 스스로를 응원했던 그 날의 뜨거운 온도가 있었기에, 지금은 어떤 고객 앞에서도 여유 있게 미소 지으며 가위를 들 수 있게 된 것이다.

성장은 대단한 성취가 아니라, 어제보다 조금 더 고객의 눈을 편안하게 마주할 수 있게 된 작은 용기에서 시작된다. 첫 커트를 마친 뒤 휴게실에서 내뱉은 그 깊은 한숨은, 초보의 허물을 벗고 전문가로 나아가는 가장 아름다운 호흡이었다.

초심불망(初心不忘)

처음의 마음을 잊지 않는다는 뜻으로, 처음의 결심을 잃지 않고 꾸준히 노력하면 목표를 이룰 수 있음을 강조합니다.

교학상장(敎學相長)

가르치고 배우면서 서로 성장한다는 뜻입니다. 가르치는 사람은 배우는 사람보다 많이 알아야 하지만, 가르치다 보면 자신이 미처 알지 못한 부분을 깨닫고 더 공부하게 됩니다.

단발머리

대형 숍에는 대부분의 고객이 특정 디자이너를 지정해서 찾아온다. 그런 경우는 대개 소개를 받았거나 이미 안면이 있는 단골고객이기 마련이다.

그런데 어느 날, 등까지 내려오는 긴 머리를 찰랑이며 한 여성분이 나를 지목해 찾아오셨다.

'누구시지?'

아무리 기억을 더듬어봐도 낯선 얼굴이라 고개를 갸우뚱하며 손님을 맞이했다.

자리에 앉은 고객님은 대뜸 나에게 "고맙다"는 인사부터 건넸다. 뜬금없는 인사에 당황해 이유를 여쭤보니, 저번에 머리를 자르러 왔을 때 자신이 단발로 변신하는 것을 말려주었기 때문이란다. 이야기를 듣고 보니 어렴풋이 기억났다.

당시 그분은 앳된 얼굴의 여대생이었고, 허리 근처까지 오는 긴 머리를 싹둑 잘라 단발로 만들어달라고 요청했었다. 그때 나는 무슨 직감이 들었는지 이렇게 말했다고 한다.

"혹시 남자 친구랑 헤어져서 자르는 거면 나중에 분명히 후회해요. 단발로 자르는 건 언제든 할 수 있으니, 조금 더 잘 생각해 보고 결정하세요."

정말로 그때 남자 친구와 이별하고 홧김에 미용실을 찾았던 그녀는, 나의 만류에 마음을 돌려 끝부분만 살짝 다듬고 돌아갔다. 시간이 흘러 마음이 진정되고 나니 그때 머리를 자르지 않았던 게 얼마나 다행인지 모른다며, 자신을 붙잡아줘서 정말 고마웠다고 거듭 감사를 표했다.

우리는 그 시절 이야기를 나누며 한참을 깔깔거리고 웃었다. "정말 안 자르길 잘했네요!" 하며 맞장구를 치는 사이, 긴장했던 손님의 얼굴에도 환한 미소가 번졌다.

나는 그저 스치듯 건넨 말이었고, 사실인지도 모른 채 툭 던진 한마디였다. 하지만 나의 짧은 조언이 누군가에게는 힘이 되고, 후회할 뻔한 결정을 막아주었다.

살다 보면 이런 일들이 주변에서 참 많이 일어난다. 무심코 던진 말 한마디가 좋은 방향으로 흐르면 누군가의 인생에 따뜻한 별이 되지만, 나쁜 방향으로 흐르면 깊은 상처를 남기기도 한다.

말이 사람에게 얼마나 지대한 영향을 주는지 새삼 깨닫는 순간이었다. 비록 그 고객님의 얼굴을 단번에 알아보지는 못했지만, 그녀가 전해준 그날의 이야기는 내 가슴에 깊이 남았다. 그냥 지나가는 말이라도 소중히 여기고, 진심을 담아 말해야겠다는 다짐을 해본다.

미용사는 머리카락만 자르는 사람이 아니라, 때로는 고객의 감정의 결까지 만지는 사람이다. 거울 앞에 앉은 고객의 눈빛과 표정에는 그날의 기분뿐만 아니라 삶의 굴곡이 고스란히 묻어난다.

긴 머리를 단번에 잘라내겠다는 서슬 퍼런 결심 뒤에 숨겨진 슬픔을 알아채는 것, 그것 또한 디자이너가 갖추어야 할 중요한 감각 중 하나일 것이다.

충동적으로 머리카락을 잘라내는 순간, 사람은 마음속에서 이미 무언가와의 이별을 선택한다. 아픈 시간, 떨쳐내고 싶은 기억들이 가위날 위에 겹겹이 얹힌다.

머리카락은 자르면 다시 자라지만, 한 번 무너진 마음의 균형을 되찾는 데는 훨씬 긴 시간이 걸린다. "나중에 후회할지 모르니 생각해보라"던 그날의 만류는, 기술자로서의 조언이라기보다 인생의 선배로서 건넨 말 한마디였다.

우리는 매일 수많은 말을 주고받으며 살아간다. 내가 뱉은 말이 상대에게 어떤 열매를 맺을지 다 알 수는 없지만, 적어도 그 말에 '선한 의도'를 담으려 노력해야 한다. 무심코 던진 돌에 개구리가 맞듯, 무심코 던진 말 한마디가 누군가의 소중한 것을 훼손할 수도 있기 때문이다.

기억조차 못 하던 작은 배려를 잊지 않고 찾아와 고맙다고 말해준 고객님 덕분에, 내가 쥔 가위의 무게를 다시 한번 느꼈다. 말은 마음의 거울이고, 그 거울에 비친 진심은 상대의 삶에 긍정적인 영향을 미친다.

앞으로도 거울 앞에 앉은 수많은 인생의 이야기에 귀 기울이며, 머리카락 한 올뿐만 아니라 그 속에 담긴 마음까지도 소중히 보살피는 사람이고 싶다.

촌철살인(寸鐵殺人)

한 치의 쇠붙이로 사람을 죽인다는 뜻으로, 간단한 말로도 남을 감동하게 하거나 약점을 찌를 수 있음을 이릅니다. 짧지만 날카로운 비판이나 조언을 표현할 때 사용합니다.

구시화복(口是禍福)

사람의 입이 화를 불러오는 문이 되기도 하고 복을 불러오는 문이 되기도 하므로, 함부로 말하지 말고 신중하게 말을 잘 해야 합니다.

발 없는 말

피부 관리실과 네일숍, 그리고 미용실이 한 공간에 모여 있는 대형 뷰티 살롱에서 근무한 적이 있었다. 규모가 컸던 만큼 직원 수도 상당히 많았다. 남성 직원들도 더러 있었지만, 대다수가 여성 직원들로 구성된 조직이다 보니 말 한마디가 가진 파급력이 대단했다.

"말이 발이 된다"거나 "한마디 말이 천 리를 간다"는 격언을 뼈저리게 실감했던 시기였다. 미용 경력 24년이 지난 지금도 '말조심'은 내가 가장 경계하고 소중히 여기는 덕목 중 하나다.

사건은 내가 쉬는 날에 발생하곤 했다. 피부실 원장님이 어떤 이유에서인지 나에게 불만이 쌓였던 모양이다. 내가 없는 자리에서 나에 대한 험담을 쏟아냈고, 다음 날 출근하면 다른 직원이 어제 있었던 일들을 마치 생중계하듯 나에게 자세히 전해주었다. 속이 상했지만 나는 모르는 체하며 묵묵히 내 일을 했다.

하지만 상황은 나아지지 않았다. 피부실 원장님은 이번에는 내 앞에서 그날 휴무인 다른 직원의 흉을 보기 시작했다. 세상에 완벽한 사람은 없고 누구나 장단점이 있기 마련인데, 끊임없이 누군가의 단점만 찾아내 입에 올리는 모습이 안타까웠다.

나는 그 원장님이 내게 했던 험담을 다른 사람에게 옮기지 않았다. 나까지 입을 보태면 걷잡을 수 없이 커질 것을 알았기 때문이다. 하지만 그럼에도 불구하고 비슷한 일들이 계속 반복되었다.

사람이 두세 명만 모여 있어도 꼭 내 이야기를 하는 것만 같아 불안했고, 혼자 이런저런 상상을 하다 보니 마음은 한없이 우울해졌다.

결국 참다못해 동료 직원에게 나의 고민을 털어놓게 되었다. 그런데 놀랍게도 그 직원 역시 똑같은 고민을 하고 있었다. 그제야 나는 조금 편안해졌다. 나만 겪는 특수한 상황이 아니라 모두가 느끼는 문제라는 사실을 깨달았기 때문이다. 직원들이 서로의 마음을 확인하게 되자 자연스럽게 피부실 원장님과 거리 두기가 시작되었다.

그런 분위기 속에서 험담과 오해는 조금씩 반복되었다. 결국 나는 얼마 지나지 않아 그곳을 그만두기로 했다. 짐을 챙겨 나오던 날, 마치 도깨비 동굴에서 빠져나오는 듯한 기분을 느꼈다. 그만큼 그곳에서의 시간은 마음이 산란하고 고통스러웠다.

그 경험을 통해 말이 얼마나 중요한지 절실히 깨달았다. 말은 가급적 좋은 방향으로, 긍정적인 힘을 실어 내뱉어야 한다. 신성하게 땀 흘려 일하는 공간이 누군가를 헐뜯는 말들로 물들기 시작하면, 그곳은 더 이상 건강한 일터가 될 수 없다.

동굴을 빠져나오고 나니 마음이 그렇게 후련하고 가벼울 수 없었다.

우리는 항상 말을 조심해야 한다. 누군가에게 상처를 주는 말 대신, 마음을 어루만지는 친절한 한마디를 건넬 수 있는 사람이 되어야 한다고 다시 한번 다짐해 본다.

말은 눈에 보이지 않지만, 때로는 날카로운 화살이 되어 타인의 심장을 꿰뚫기도 한다. 특히 좁은 공동체 안에서 누군가를 제물 삼아 쏟아내는 험담은, 말하는 이에게는 일시적인 쾌감을 줄지 모르나 듣는 이와 대상자에게는 지워지지 않는 흉터를 남긴다.

24년 미용 인생을 돌아보며 '말조심'을 첫 번째 덕목으로 꼽는 이유는, 수많은 가위질보다 무서운 것이 경솔한 말 한마디임을 보았기 때문일 것이다.

당시 겪었던 도깨비 동굴 같은 상황은 비단 미용실만의 문제는 아니다. 어느 조직에서나 시기와 질투, 오해는 존재한다. 중요한 것은 그 오염된 말의 소용돌이에 함께 휩쓸리지 않는 용기이다. 험담을 전해 들었을 때 침묵하고, 내 입을 통해 다시 독이 퍼지지 않게 차단하는 것이 그 혼란스러운 동굴 속에서 내가 지키고자 했던 마지막 자존심이었다.

말이 독이 되는 공간에서는 영혼이 병든다. 서로를 신뢰하지 못하고 눈치를 보며 일하는 곳에서 어떻게 고객에게 진심 어린 아름다움을 선물할 수 있을지.

내가 내뱉은 긍정의 말 한마디가 누군가에게는 다시 일어설 힘이 되고, 부정의 말 한마디는 누군가의 공든 탑을 무너뜨릴 수 있다는 사실을 잊지 말아야 한다.

후련하게 문을 나서며 느꼈던 그 가벼움은, 단순히 직장을 옮겼기 때문이 아니라 나쁜 말들이 만드는 무거운 사슬을 끊어냈기 때문에 얻은 자유였다. 오늘도 거울 앞에 앉아 고객과 대화를 나누며, 내 입술을 통과하는 말들이 누군가의 하루를 밝히는 따뜻한 빛이 되기를 소망한다.

언비천리(言飛千里)

발 없는 말이 천 리를 간다는 뜻입니다. 말의 파급력이 얼마나 큰지, 그리고 한 번 내뱉은 말은 거두어들일 수 없음을 경계하는 말입니다.

구화지문(口禍之門)

입은 재앙을 불러들이는 문이라는 뜻입니다. 말조심하지 않으면 결국 자신과 주변에 화를 입힐 수 있음을 경계하며, 신중한 언행의 중요성을 강조합니다.

변화

결혼 후 첫째를 낳기 직전, 오랫동안 유지했던 긴 머리카락을 짧게 잘라냈다. 출산을 앞둔 무거운 몸으로 긴 머리를 관리하기엔 스스로 너무 둔하게 느껴졌기 때문이다.

그렇게 자른 단발머리는 아이가 어느 정도 자랄 때까지 한동안 나의 상징처럼 유지되었다. 그러다 둘째를 키우면서부터 다시 머리카락을 길게 길렀다.

정말 오랜만에 다시 가위를 들었다. 내 머리카락을 '싹둑' 자른 날, 아들과 함께 청소를 하다가 아이가 불쑥 말을 건넸다.

"엄마, 예전에도 단발머리 하고 다니셨잖아요."

"어머, 너 그걸 기억해?"
"그럼요, 기억나죠."

아이는 자신이 서너 살였을 때의 엄마를 기억하고 있었다. 정작 나는 세월에 치여 아이의 어린 시절이 가물가물해질 때가 있는데, 아이의 기억 속에는 그 시절 엄마의 모습이 고스란히 남아있었다.

단순한 헤어스타일 이야기였지만, 그 말을 듣는 순간 지난 세월의 시간들이 겹쳐 지나갔다. 행복했던 추억부터 힘들었던 기억까지. 머리스타일 하나로 내 인생의 변천사를 훑어낼 수 있을 것만 같았다.

나이가 들수록 사람은 변화를 시도하기보다 현재에 머무르려 한다. 하지만 나는 이번에 머리카락을 자르며, 작은 변화 하나가 또 다른 시도를 꿈꾸게 한다는 것을 깨달았다. 헤어스타일은 변화의 시작점이다.

이것저것 다양한 스타일을 시도해 본 사람에게는 새로운 변화가 두렵지 않다. 반면, 마음으로는 변화를 원하면서도 막상 과감하게 실천하지 못하는 분들도 많다.

어느 날 방문한 50대 중년 여성 고객님이 그러셨다. 머리를 등까지 길게 기르고 오셨는데, 변화를 원하면서도 구체적으로 어떻게 해야 할지 몰라 망설이고 계셨다. 가만히 살펴보니 윗머리는 숱이 많이 줄어있었고 모발도 눈에 띄게 가늘어지고 있었다. 나는 조심스럽게 권유했다.

"과감하게 짧은 커트를 해보시는 건 어떨까요?"

변화가 간절했던 그분은 흔쾌히 찬성하셨다. 인터넷에서 짧은 커트 사진을 몇 장 찾아 보여드리고, 고객님의 두상과 얼굴형에 맞게 잘라드리겠다고 충분히 상담을 마친 뒤 과감하게 숏컷으로 가위질을 시작했다.

머리카락이 잘려 나갈수록 그녀의 동그란 눈동자가 반짝이기 시작했다. 커트를 마치니 세련된 분위기가 물씬 풍겼고 얼굴은 훨씬 작아 보였다. 내가 봐도 마음에 쏙 드는 완성도였다.

우리는 그녀의 바뀐 스타일을 아낌없이 칭찬했다. 머리 모양이 바뀌니 가려져 있던 얼굴의 장점들이 하나하나 살아나 그녀의 존재감이 돋보였다. 마지막 손질법까지 꼼꼼히 설명해 드린 뒤 배웅했다.

한 달 뒤, 다시 만난 그녀의 얼굴은 이전보다 훨씬 자신감 넘치는 빛으로 가득 차 있었다. 그녀는 짧은 머리로 바꾼 뒤 놀라운 일들이 있었다며 이야기를 들려주었다.

당시 사업이 잘 풀리지 않아 의기소침해 있었는데, 헤어스타일의 변화가 마음가짐의 변화로 이어졌다고 한다. 덕분에 일에 더 집중할 수 있게 되었고, 조금씩 꼬였던 일들이 풀리며 좋은 방향으로 흘러가고 있다며 연신 고맙다는 인사를 건네셨다.

그 이야기를 들으니 가슴 벅찬 감사함과 함께 내 직업에 대한 소중함이 다시금 밀려왔다. 누군가에게는 그저 잘려 나가는 머리카락일 뿐이지만, 어떤 이에게는 부정적인 상황에서 긍정으로 방향을 트는 소중한 계기가 된다.

작은 변화에서 시작된 좋은 기운은 결국 인생 전체를 술술 풀리게 만드는 법이다. 삶이 단 한 번뿐이라는 것을 진정으로 인식할 때 비로소 인생은 바뀐다. 이제 다시 시작이다.

변화는 거창한 결심에서 시작되지 않는다. 거울 속 내 모습에 작은 변주를 주는 것, 익숙함을 털어내고 낯선 나를 마주하는 그 짧은 순간이 인생의 물줄기를 바꾸기도 한다. 50대 고객님이 숏컷을 통해 얻은 것은 단순히 세련된 외모가 아니라, 정체된 상황을 돌파할 수 있다는 자기 확신이었다.

머리카락을 자르는 행위는 과거의 무거운 기운을 덜어내고 가벼워진 몸으로 다시 출발하겠다는 의지의 표현이다. 긴 머리를 고집하는 것이 때로는 익숙한 슬픔이나 매너리즘을 붙잡고 있는 것일 수도 있다.

그때 디자이너가 건네는 "한번 잘라볼까요?"라는 제안은 고객의 마음속에 잠들어 있던 변화의 불씨를 지피는 격려가 된 것이다.

우리는 살면서 수많은 머뭇거림을 만난다. 나이가 들어서, 혹은 실패할까 봐 두려워 변화를 거부한다. 하지만 머리카락은 다시 자라듯, 우리 인생도 한 번의 시도로 끝나는 것이 아니다.

부정적인 생각에 사로잡혀 있을 때, 우리는 아주 작은 것부터 바꿔야 한다. 헤어스타일을 바꾸고, 걸음걸이를 바꾸고, 사용하는 단어를 바꾸는 사소한 노력이 모여 좋은 기운을 만든다.

고객님이 들려준 사업 성공담은 미용이라는 일이 단순한 서비스가 아니라 사람의 운명에 긍정적인 파동을 일으키는 숭고한 작업임을 일깨워주었다. 삶은 단 한 번뿐이기에, 그 소중한 시간을 우울함 속에 가두어둘 수는 없다.

오늘 당신의 머리카락 끝에 맺힌 무거운 고민을 털어내야 한다. 가벼워진 그 자리에서 새로운 인생의 막이 시작될 것이기 때문이다.

일신우일신(日新又日新)

날마다 새롭고 또 날마다 새롭다는 뜻입니다. 어제에 머물지 않고 끊임없이 변화를 시도하여 더 나은 자신을 만들어가는 태도를 의미합니다.

환골탈태(換骨脫胎)

뼈를 바꾸고 태를 빼앗는다는 뜻으로, 낡은 것을 완전히 새롭고 깨끗하게 바꾸어 완전히 다른 것이 됨을 가리키는 말입니다.

꾸준함

오늘도 연습을 마쳤다. 모두가 일찍 집으로 돌아가는 시간, 서울에서 부모님과 함께 사는 친구들이 부럽기도 했다.

자취방으로 돌아가는 대신 텅 빈 매장에 남았다. 불 꺼진 미용실에 마네킹과 나, 단둘이 남겨졌다.

오전에 방문한 고객에게 S컬 드라이를 해드려야 했는데, 손끝이 마음처럼 움직여주지 않았다. 결국 디자이너 선생님이 거의 다 하셨고, 나는 겨우 두 줄 정도를 보태는 데 그쳤다. 그 민망함과 아쉬움이 가슴에 남아 연습을 시작했다.

S컬은 생각보다 까다롭다. 손목의 각도와 열의 뜸을 조절하는 게 여간 어려운 게 아니다. 오늘 못하면 내일도 남아서 할 생

각이다. 혼자 남겨진 시간이 외로울 때도 있지만 그냥 한다. 꾸준함, 그것 하나를 믿고 오늘도 가위를 들고 드라이기를 켠다.

이런 과정은 24년이 지난 지금도 반복되는 일상이다. 지금도 새로운 헤어스타일을 찾아보고, 사진을 분석하고, 유튜브 영상을 보며 끊임없이 공부한다. 나의 부족함을 알아차리고 내가 아직 모르는 게 있다는 것을 깨닫는 순간, 다시 연습에 매진한다.

기술만 그런 것이 아니었다. 세월이 흐르며 깨달은 것은 인생에도 공부가 절실히 필요하다는 사실이다. 우리는 예기치 못한 문제가 발생했을 때 겉으로 드러난 현상만 보고 당황하곤 한다. '이게 왜 나한테 일어난 일이지?'라며 상황에만 초점을 맞추고, 그렇게 만든 상대방을 비난하거나 욕하며 시간을 보낸다.

하지만 정작 나 자신을 공부하지 않고 남만 바라봤기 때문에 생기는 현상들이다. 나에 대해 제대로 공부하지 않은 채 대책 없이 세상에 나왔다는 사실을 뒤늦게 깨달았다.

내 눈앞에 닥친 불행이나 갈등을 남의 탓으로 돌리는 것은 가장 쉬운 도피이다. 하지만 "나는 나를 얼마나 알고 있는가?"라는 질문을 던지며 공부하는 사람에게 시련은 더 이상 재앙이 아닌 배움의 재료가 된다.

인생 공부란 결국 나를 더 깊이 알아가는 과정이며, 어떤 시련이 닥쳤을 때 유연하게 대처할 수 있는 힘을 기르는 일이다. 그 공부의 가장 좋은 방법은 책을 읽는 것이다. 책 속에는 수많은 스승이 기다리고 있다.

물론 책을 읽는 것이 쉬운 일은 아니다. 그래서 매일 조금씩, 내가 읽을 수 있는 분량을 정해 꾸준히 읽는 것이 중요하다.

꾸준함은 평범함을 비범함으로 바꾸는 유일한 열쇠이다. 화려한 재능보다 무서운 것은 매일 조금씩 멈추지 않고 나아가는 성실함이다.

기술을 익히기 위해 밤마다 마네킹 앞에 섰던 그 꾸준함으로, 이제는 책장을 넘기며 삶의 지혜를 배워나간다. 기술의 숙련과 마음의 성장은 닮은 꼴이다. 드라이 빗을 굴리는 각도를 수천 번 수정하며 감각을 익히듯, 책을 읽고 나를 돌아보는 과정을 통해 삶을 대하는 태도의 각도를 수정해 나간다.

연습용 가발의 머리카락이 타버리기도 하고, 책장의 글귀가 한 번에 이해되지 않아 답답할 때도 있지만 그 모든 지루한 반복이 우리 인생의 결을 윤기 있게 만든다.

과거의 내가 마네킹 앞에서 보낸 밤들이 오늘의 기술을 만들었듯, 오늘의 내가 넘기는 책 한 권의 페이지가 내일의 성숙한 인격을 만들 것이라 믿는다. 삶이라는 긴 여정에서 우리는 모두 영원히 배운다. 배움을 멈추지 않는 한, 우리의 인생은 날마다 조금씩 더 근사한 스타일로 완성되어 갈 것이다.

우보천리(牛步千里)

소의 걸음으로 천 리를 간다는 뜻으로, 서두르지 않고 꾸준히 노력하여 마침내 큰 일을 해냄을 의미합니다. 속도보다 지속성과 끈기가 성취를 만든다는 교훈을 줍니다.

적토성산(積土成山)

흙을 쌓아 산을 만든다는 뜻입니다. 작은 노력을 꾸준히 쌓으면 큰 성과를 이룰 수 있습니다.

봉사활동

초급 디자이너 시절, 최대한 다양한 경험을 쌓고 싶어 봉사활동에 적극적으로 참여했다. 고아원, 군부대, 복지회관, 병원 등 가위 하나로 도움을 줄 수 있는 곳이라면 어디든 마다하지 않았다.

처음에는 군부대 봉사를 주로 다녔는데, 그러다 우연한 기회에 종로 탑골공원을 찾게 되었다. 그곳은 어르신들과 노숙인들이 많이 모이는 삶의 현장이었다.

공원 한쪽에 작은 천막을 치고 자리를 잡자, 머리를 자르려는 분들이 길게 줄을 서기 시작했다. 내 앞에는 20대 후반 정도로 보이는 젊은 남자분이 앉으셨다. 그는 자리에 앉자마자 연신 미안하다는 사과를 했다. 어깨까지 내려오는 긴 머리를 깔끔한 상고머리로 잘라달라는 게 그의 요청이었다.

분무기로 물을 뿌리고 커트를 위해 빗질을 시작했다. 빗질을 하려는 순간, 두피에서 각질이 막 떨어졌다. 빗질을 할수록 더 심해졌다. 갑자기 센 바람이 불었다. 순간 숨을 쉴 수 없었다. 당황스러운 순간이었지만, 그는 담담하게 자신의 이야기를 들려주기 시작했다.

그는 하던 장사가 잘되지 않아 어쩔 수 없이 가게를 접었다고 했다. 지방에 계신 부모님이 걱정하실까 봐 고향으로 내려가지 못하고 이곳에서 노숙 생활을 시작하게 되었다는 사연이었다.

본인은 비록 지금 길 위에서 잠을 자고 있지만, 다른 노숙인들과는 다르다고 했다. 반드시 일을 구해서 돈을 모으고, 예전에 하던 장사를 더 단단하게 다시 시작할 것이라고 말했다.

머리를 자르는 짧은 시간이었지만, 그의 목소리에는 삶을 향한 진실함과 힘이 실려 있었다. 그의 의지에 감동한 나는 더 정성껏 가위질을 이어갔다.

커트를 마친 뒤 거울에 비친 그의 얼굴을 마주했다. 텁수룩한 머리에 가려져 있던 청년의 얼굴이 드러났고, 눈빛은 아까와는 비교할 수 없을 정도로 반짝반짝 살아나 있었다. 그는 거울 속 자신의 모습에 크게 만족하며, 이제 당장이라도 면접을 보러 가겠다고 했다.

떠나는 그의 뒷모습에 대고 "화이팅!"이라며 크게 응원을 보냈다. 그가 만족스러워하는 모습에 내 마음도 벅찬 기쁨으로 가득 찼다. 그가 가는 길에 행운이 따르기를, 그 간절한 눈빛이 헛되지 않기를 진심으로 기도했다.

머리카락을 자른다는 것은 단순히 길이를 줄이는 행위가 아니다. 그것은 과거의 무거운 짐을 털어내고 새롭게 시작하겠다는 결심을 굳히는 의식과도 같다. 누군가에게 다시 도전할 용기를 불어넣어 줄 수 있다는 사실이, 미용사로서 더없이 행복하고 보람찼던 하루였다.

탑골공원 천막 아래서 마주한 그 청년은 제 미용 인생에서 잊을 수 없는 고객 중 한 명이다. 빗질조차 힘겨울 만큼 엉킨 머리카락과 쏟아지는 각질은 그가 견뎌온 삶의 고단함을 고스란히 보여주었다.

하지만 그 고단함 뒤에 숨겨진 '다시 일어서겠다'는 뜨거운 의지는 바람에 흩날리는 각질보다 훨씬 강렬하게 제 마음을 흔들었다.

때로는 화려한 숍에서 만나는 수많은 고객보다, 거친 바람을 맞으며 천막 아래서 만난 이들의 사연이 가슴 깊이 남곤 합니다. 미용사의 가위는 머리카락만 자르는 도구가 아니라, 절망의 끝에 서 있는 사람의 마음을 다듬고 다시 세상 밖으로 나갈 자신감을 넣어 주는 도구임을 깨달았기 때문이다.

청년의 눈빛이 반짝이던 그 찰나의 순간을 기억한다. 깔끔해진 뒷모습으로 면접장을 향해 걸어가던 그의 발걸음이 지금쯤은 그가 꿈꾸던 단단한 삶의 터전에 도착해 있기를 소망한다.

우리가 타인에게 줄 수 있는 가장 큰 선물은 물질적인 무언가가 아니라, 다시 시작할 수 있다는 믿음과 그 길을 함께 응원해 주는 마음이다.

누구에게나 인생의 겨울은 찾아온다. 하지만 그 겨울을 견디고 새봄을 준비하는 사람에게 한 번의 가위질은 새로운 출발을 알리는 신호탄이 된다. 한 사람의 머리카락을 만지는 일이 그 사람의 인생을 다시 세우는 힘이 될 수 있다는 그 숭고한 보람을 잊지 않으려 한다.

심기일전(心機一轉)

마음과 생각을 새롭게 바꾼다는 뜻으로, 실패나 좌절 뒤 태도를 전환해 다시 도전하는 자세를 말합니다. 시험 실패, 경기 패배, 목표 좌절 뒤에 다시 도전할 때 자주 쓰입니다.

여시구진(與時俱進)

시대의 흐름에 맞게 나아간다는 의미로, 유연한 자세로 시대 변화에 알맞게 대처해야 함을 이르는 말입니다.

관계

미용실에 자주 오는 친구가 있다. 지나가는 길에 가끔 시원한 커피를 툭 건네주기도 하고, 어떨 때는 정성껏 만든 반찬을 챙겨다 주기도 하는, 참 자주 찾아주는 고마운 인연이다. 그런데 이상하게도 이 친구만 다녀가면 몸에 극심한 피로도가 쌓이곤 한다.

의자에 앉자마자 시작되는 이야기는 대개 비슷하다. 자녀 걱정, 남편에 대한 원망, 그리고 "내 인생은 왜 이런지 몰라"로 이어지는 하소연이다.

처음에는 친구의 마음을 헤아려 진심으로 들어주려 애썼다. 그러나 반복되는 부정적인 이야기는 독한 연기처럼 내 몸과 마음을 잠식했다. 한 번 쏟아진 부정적인 기운을 다시 긍정으로 되돌리는 데는 생각보다 많은 에너지가 소모된다.

요즘은 친구가 찾아와 하소연을 시작하면 적당히 한 귀로 흘리기도 하고, 일부러 바쁜 척하며 몸을 분주하게 움직인다. 하지만 친구는 내가 바쁘게 움직이는 동선을 따라다니며 이야기를 멈추지 않는다. 그럴 때면 나도 모르게 방어 기제가 작동해 더 바쁜 척 발걸음을 재촉하기도 한다.

사람과의 관계가 참 묘하다. 어떤 이는 만나기만 해도 햇살을 받은 듯 기분이 환해지는 반면, 어떤 이는 쏟아내는 부정적인 언어들로 주변 사람의 진을 빼놓기도 한다. 우리는 스스로 좋은 에너지를 지키고 받기 위해 노력해야 한다. 그래야만 긍정적인 마음을 유지하며 밝게 살아갈 수 있기 때문이다.

긍정적인 기운을 만드는 것은, 나 자신부터 시작된다. 나부터 밝게 살기로 다짐하고, 몸을 건강하게 관리하며, 일상의 사소한 것에도 감사하는 마음을 가지는 것이 무엇보다 중요하다.

또한 주변에 긍정적인 사람을 가까이 두는 것은 나를 지키는 가장 적극적인 방법이다. 내가 건강해야 내가 하는 일도, 우리 가정도 밝은 기운으로 채울 수 있다는 사실을 다시금 마음속에 새겨본다.

미용실은 머리카락만 자르는 곳이 아니라 수많은 말들이 오가는 감정의 교차로이다. 고객들의 고민을 들어주는 것 또한 미용사의 역할 중 하나이지만, 때로는 그 감정의 무게가 감당하기 힘들 정도로 무겁게 다가올 때가 있다. 특히 가까운 인연이 쏟아내는 부정적인 에너지는 거절하기가 더 어려워 마음의 병이 되기도 한다.

인간관계도 때로는 가위질처럼 다듬어야 할 때가 있다. 상대를 완전히 잘라내는 매정함이 아니라, 나를 보호하기 위해 적절한 거리의 결을 다듬는 작업이다.

상대의 하소연을 따라 분주히 움직였던 발걸음은, 아마도 내 마음의 평화를 지키기 위한 최소한의 몸부림이었던 것이다. 내가 먼저 행복하고 건강해야 타인에게 줄 진정한 친절도 나올 수 있기 때문이다.

우리는 흔히 남을 배려하는 것이 미덕이라 배우지만, 그 배려가 나를 갉아먹고 있다면 잠시 멈춰야 한다. 긍정이 확산되기도 하지만 부정도 무섭게 전염된다. 밝은 빛이 드는 창가에 화초를 두어야 잘 자라듯, 우리 마음도 따뜻하고 긍정적인 말들이 오가는 곳에 머물게 해야 한다.

오늘 하루, 내 주변을 어떤 기운으로 채우고 있는지 돌아본다. 누군가의 감정 쓰레기통이 되어 지쳐있지는 않은지, 혹은 나 또한 누군가에게 무거운 짐을 지우고 있지는 않은지 말이나.

감사하는 마음으로 나를 먼저 사랑할 때, 비로소 내 손끝에서도 고객의 인생을 밝히는 진정한 긍정의 힘이 뿜어져 나올 것이다.

불가근불가원(不可近不可遠)

가까이할 수도 멀리할 수도 없음을 말합니다. 인간관계에서 과도한 친밀감도, 과도한 거리감도 피하고 적당한 거리를 유지하라는 의미로 자주 쓰입니다.

명경지수(明鏡止水)

맑은 거울과 고요한 물이라는 뜻으로, 잡된 생각 없이 맑고 평온한 마음 상태를 의미합니다. 세상의 번뇌와 욕심을 벗고, 스스로 투명하게 비추는 지혜롭고 평정한 마음입니다.

속도

나는 행동이 그리 빠른 편이 아니다. 오히려 느린 축에 가깝다고 생각한다. 미용실을 운영하다 보면 가끔 고객들로부터 손놀림이 빠른 다른 곳과 비교 섞인 이야기를 듣기도 한다.

“어디 미용실에 가니 거기는 정말 손놀림이 빠르더라. 순식간에 해내던데.”

그런 말을 들을 때면, 속도보다는 섬세함과 꼼꼼함이 나의 무기라고 스스로 다독이며, 그들의 평가에 크게 귀를 기울이지 않았다.

그럼에도 혼자 미용실을 꾸려가다 보니 속도의 중요성을 뼈저리게 실감한다. 예전보다 조금 빨라지긴 했어도 여전히 부족함을 느낀다. 인생도 일도 결국은 속도와의 싸움이다. 어떻게 하면 빠르면서도 완벽하게 일을 해낼 수 있을까?

속도(速度)라는 한자를 사전에서 찾아본 적이 있다. 속(速)이라는 글자는 '묶어서 가다'라는 의미가 있었다. 단순히 손을 빨리 움직이는 것만이 아니라, 한 번 움직일 때 여러 가지 일을 묶어서 효율적으로 처리해야 한다는 뜻이다.

미용사인 나에게 대입해 보면, 파마 준비를 할 때 여러 번 왔다 갔다 하지 않도록 한꺼번에 준비물을 챙기고, 커트를 할 때도 전체적인 윤곽을 먼저 빠르게 잡은 뒤에 세심한 작업에 들어가는 식이다.

이렇게 일의 군더더기를 줄여 속도를 높여야만 마음의 여유가 생긴다. 여유가 생겨야 손님의 다른 부분도 살필 수 있고, 나의 능력치도 한 단계 더 높아질 것이다.

무엇보다 중요한 것은 속도를 통해 확보한 시간만큼 나의 몸이 쉴 수 있고, 나 자신을 돌볼 수 있는 여유가 생긴다는 점이다.

삶의 모든 이치가 이와 같다. 음식을 할 때도 느릿느릿 서둘지 않으면 정작 요리가 끝나기도 전에 지쳐버리고, 싱크대에는 설거지만 가득 쌓이게 된다. 일의 효율을 높여 속도를 붙이는 것은 단순히 빨리 끝내기 위함이 아니라, 나 자신에게 여유라는 선물을 주기 위함이다.

느림이 정성과 꼼꼼함의 대명사로 쓰일 때도 있지만, 프로의 세계에서 속도는 곧 실력이고 배려이다. 고객의 소중한 시간을 아껴주는 동시에 나의 에너지를 적절히 안배하는 지혜이기 때문이다. 속(速)의 의미, 즉 '묶어서 처리하는 법'은 복잡한 세상을 살아가는 우리 모두에게 필요한 기술이다.

불필요한 동선을 줄이고 일의 우선순위를 정해 한 번의 움직임으로 여러 효과를 내는 것은 단순히 손이 빠른 것과는 다른 차원의 문제이다. 그것은 일 전체를 꿰뚫어 보는 통찰력이 있을 때만 가능하기 때문이다.

전체적인 윤곽을 먼저 잡고 세밀한 부분을 다듬는 커트 방식처럼, 우리 인생의 큰 줄기를 먼저 세우고 사소한 일들을 정돈해 나간다면 삶의 속도는 자연스럽게 붙기 마련이다.

속도를 높여 확보한 시간이 단순히 더 많은 일을 하기 위한 수단이 되어서는 안 된다. 그 시간은 지친 나를 돌보고, 따뜻한 차 한 잔을 마시며 거울 너머의 세상을 감상하는 쉼표가 되어야 한다. 나를 돌볼 줄 아는 사람의 손끝에서는 조급함이 아닌 평온함이 묻어난다.

미용실 의자에 앉은 고객에게 가장 멋진 스타일을 선물하면서도, 그 속에서 나만의 여유로운 리듬이 흐르기를 희망한다. 숙련된 손놀림 속에 여유를 담기 위해 나의 속도를 점검해 본다.

일거양득(一擧兩得)

한 번 들어서 두 가지를 얻는다는 뜻으로, 한 가지 일을 하여 두 가지 이익을 얻음을 의미합니다. 주로 하나의 노력을 통해 여러 성과를 거두는 상황에서 사용됩니다.

능수능란(能手能爛)

일 따위에 익숙하고 솜씨가 좋다는 뜻입니다. 주로 기술, 말솜씨, 대인관계 등에서 뛰어난 능력을 보일 때 쓰이며, 막힘없이 자연스럽게 행동하는 모습을 나타낼 때도 사용합니다.

2부
사람 사이에서 피어나는 삶

살아가야 한다

성악가인 40대 남자 고객님이 계신다. 그는 매년 연말이면 무대에 올라 멋진 공연을 펼치곤 했다. 하지만 코로나19로 인해 모든 공연이 멈췄던 시기, 그에게도 무대를 잃은 상실감이 찾아왔다.

무대 대신 그가 선택한 곳은 산이었다. 그는 산악회를 다니며 산을 오르기 시작했다. 그는 산행을 마치고 내려오는 길에 사람들을 모아두고 노래를 불렀다고 했다.

"공연을 못 하게 되니 노래가 너무 부르고 싶어서 견딜 수가 없었습니다."

그 말을 건네며 머리카락을 자르고 나서 그는, 미용실에서도 노래를 불러주시겠다고 하시며 노래를 시작했다.

당시 미용실에는 다른 고객님 한 분도 함께 계셨는데, 우리는 예상치 못한 선물에 숨을 죽였다. 공연장에서 정식으로 봐야 할 무대를 미용실 의자에 앉아 듣고 있자니 신기하기도 하고 가슴 벅차게 감사하기도 했다.

코로나로 모두가 지쳐가던 고단한 시기였지만, 그의 우렁찬 노랫소리에 잠시나마 세상의 근심이 씻겨 내려가는 기분이 들었다.

노래라는 것은 참으로 묘한 힘이 있다. 순식간에 사람을 무장해제 시키고 닫혔던 마음의 문을 열게 만든다. 노래가 끝나고 우리는 뜨거운 박수로 화답했다. 그 짧았던 무대의 여운은 몇 년이 지난 지금까지도 선명하게 기억에 남아있다.

우리는 이렇게 서로에게 희망과 긍정의 기운을 전하며 살아간다. 그날 그가 불러준 노래는 우리에게 희망을 주었고, 우리는 그로부터 밝은 기운과 예술에 대한 뜨거운 열정을 받았다. 서로가 서로에게 좋은 에너지를 주고받을 수 있다는 사실이 그 어느 때보다 감사하게 느껴지는 순간이었다.

진정한 예술가는 무대라는 장소가 아니라, 노래하고자 하는 그 뜨거운 마음속에 존재한다. 산길 내려오는 길목에서, 혹은 단골 미용실 거울 앞에서 가운을 두른 채 목소리를 높였던 그 성악가 고객님처럼 말이다.

코로나라는 거대한 장벽이 일상을 가로막았을 때도, 그는 침묵하는 대신 자신이 가장 잘할 수 있는 노래로 세상과 소통하기를 멈추지 않았다.

살아간다는 것은 때때로 예기치 못한 폭풍우를 만나는 일이다. 계획했던 무대가 취소되고 인생의 박자가 엉망이 될 때, 우리는 절망하기 쉽다.

그 시련 속에서도 나를 지탱해 주는 무언가가 있다면 우리는 다시 일어설 수 있다. 그에게는 노래였고, 나에게는 가위였다. 장소와 상관없이 진심으로 자기 일을 사랑하는 사람의 모습은 그 자체로 주변에 거대한 위로를 준다.

그날 미용실 안을 가득 채웠던 선율은 단순히 소리의 울림이 아니라, '그럼에도 불구하고 살아가야 한다'는 웅장한 선언과도 같았다.

우리는 서로의 얼굴도 잘 모르는 채 각자의 자리에서 힘겨운 싸움을 이어가고 있었지만, 노래 한 자락에 마음의 빗장을 풀었다.

좋은 에너지는 결코 혼자 만들어지지 않는다. 자신의 열정을 아낌없이 쏟아낸 사람과, 그것을 진심으로 경청하고 박수를 보내는 사람이 만날 때 비로소 완성된다.

거울 너머로 보았던 그분의 반짝이는 눈빛과 웅장한 울림을 기억하며, 서 노한 제 앞에 선 고객들에게 희망의 기운을 전하는 사람이 되고 싶다. 비록 나의 무대는 화려한 조명 아래가 아닌 작은 미용실 의자 앞이지만, 이곳에서 나누는 마음의 노래는 계속될 것이다.

공명공감(共鳴共感)

소리가 함께 울리듯 남의 감정이나 생각에 깊이 찬성하여 같은 마음을 느낀다는 뜻입니다. 공명은 소리와 주파수가 맞아서 울리는 현상입니다. 공감은 이것보다 더 앞으로 나아갑니다.

견인불발(堅忍不拔)

굳게 참고 견디어 쉽게 뽑히지 않는다는 뜻으로, 어떠한 어려움에도 굴하지 않고 굳세게 참고 견딘다는 의미입니다.

인사

미용실 단골 손님 중 한 아이가 있다. 미용실을 지나 다음 골목에 있다. 다섯 살 꼬마일 때부터 우리 미용실을 찾은 단골 고객이기도 하다. 미용실 앞을 지나다닐 때마다 빠짐없이 문을 열고 “안녕하세요!” 하고 인사를 한다.

학원에 갈 때도, 집으로 돌아올 때도 손님이 있든 없든 매일 같이, 하루에도 몇 번씩 인사를 한다. 이제는 우리 미용실의 명물이 되었다.

미용실에 앉아 있던 고객들도 아이를 보고 신기해하신다. “요즘 세상에 저렇게 인사를 잘하는 아이가 어디 있느냐”며 기특해하시는데, 이제는 단골들 모두가 알 정도로 인사의 힘은 대단하다.

나 또한 우리 집 아들들에게 세상을 살면서 가장 중요한 것은 '인사'라고 입버릇처럼 말한다. 학교에서 선생님을 마주칠 때마다 인사해도 좋다고, 우리 미용실에 단골들이 오시면 꼭 반갑게 인사하라고 가르친다.

사회생활에서도 인사만 잘하면 절반은 성공한 것이나 다름없다. 인사는 그 사람의 얼굴이자 됨됨이이며, 세상을 대하는 삶의 태도이기 때문이다. 그만큼 인사는 우리가 갖추어야 할 가장 중요한 덕목이다.

인사는 단순히 지켜야 할 예의나 의무를 넘어, 한 인간이 세상을 대하는 근본적인 자세이며 서로의 존재를 확인하는 행위이다. 바쁜 일상에서 우리는 종종 타인을 풍경처럼 무심히 지나치곤 하지만, 인사는 "당신의 존재를 존중합니다"라는 무언의 메시지를 담고 있다. 마주하는 찰나에 긍정적인 에너지를 교환함으로써 서로 간의 심리적 거리를 좁히고 신뢰의 기초를 다지는 것이다.

변함없는 존중의 태도가 인간관계의 깊이를 좌우한다. 매일 들리는 아이의 맑은 인사처럼, 화려한 성과나 웅변보다 작은 실천이 이 세상을 얼마나 밝고 따뜻하게 만들 수 있는지 우리는 기억해야 한다. 인사는 그 자체로 가장 강력하고 아름다운 삶의 태도이다.

인사(人事)를 한자로 풀이하면 '사람(人)으로서 마땅히 해야 할 도리(事)'라는 뜻이다. 즉, 인사는 해도 되고 안 해도 되는 선택의 영역이 아니라, 인간 공동체 속에서 존재하기 위한 필수적인 행위이다.

철학적으로 볼 때 인사는 타인을 단순한 배경이 아닌 존엄한 인격체로 승격시키는 숭고한 존재 확인이다. 내가 인사를 건네는 순간, 상대는 나에게 더 이상 낯선 타인이 아닌 의미 있는 '너'가 된다.

그렇다면 우리는 왜 인사를 해야 하는가?

첫째는 상대에 대한 존중의 표현이다. 인사는 "나는 당신의 존재를 인지하고 있으며, 당신을 귀하게 여깁니다"라는 무언의 선언이다.

둘째는 사회적 신뢰의 기초를 닦는 일이다. 사회생활에서 실력보다 무서운 것은 태도다. 인사만 잘해도 절반은 성공이라는 말처럼, 꾸준한 인사는 상대에게 나의 성실함과 겸손함을 증명하는 가장 강력한 무기가 된다.

마지막으로 인사는 긍정적 에너지의 순환이다. 내가 던진 환대는 메아리가 되어 돌아와 우리 사회의 심리적 거리를 좁히는 온기가 된다.

아이들에게도 늘 강조하는 말이다.

“인사는 네 얼굴이며, 네 삶의 태도다. 학교에서도, 미용실에서도 마주치는 모든 이에게 먼저 고개를 숙여라.”

그것이 세상을 살아가는 가장 지혜로운 방법임을 알기 때문이다.

화려한 성과와 유창한 말이 지배하는 세상이다. 맑은 인사성에서 알 수 있듯이 세상을 밝히는 힘은 작고 평범한 실천에서 시작된다. 인사는 타인이라는 거대한 세계를 여는 첫 번째 열쇠다.

오늘 우리가 무심코 지나쳤던 누군가에게 건네는 따뜻한 인사 한마디가, 어쩌면 삭막한 이 세상을 다시 숨 쉬게 하는 실천의 시작이 아닐까.

화안열색(和顏悅色)

온화하고 기쁜 얼굴색이라는 뜻으로, 안색을 부드럽게 하고 즐거운 얼굴빛을 한다는 의미입니다.

본립도생(本立道生)

기본이 바로 서면 길은 스스로 생긴다는 뜻입니다. 무슨 일이든 올바른 시작과 기본이 중요하며, 길을 찾으려 애쓰기보다, 먼저 내가 있는 자리를 바로 세우라는 의미입니다.

희망의 씨앗

윤이는 초등학교 3학년, 꽤 오래된 단골 고객이다. 유독 파마머리를 좋아하는 윤이가 오늘도 파마를 하기 위해 의자에 앉았다. 롯드를 하나하나 말아 올리며 문득 궁금해져 물었다.

"윤이야, 커서 뭐가 되고 싶어? 꿈이 뭐야?"

"음, 아직은 잘 모르겠는데 찾고 있는 중이에요."

아직은 모른다는 대답이 오히려 대견했다.

윤이는 이어 공부도 잘하고 싶다는 속마음을 털어놓았다. 평소 운동만 좋아해서 공부에는 통 관심이 없는 줄 알았더니, 아이들은 누구나 마음 한구석에 공부를 잘 해내고 싶다는 열망을 품고 산다는 말이 떠올랐다. 생각해 보면 나 역시 초등학생 때는 그랬다. 정성껏 파마를 마치고 손질법을 알려준 뒤, 내가 쓴 책 한 권을 꺼내 사인을 담아 건네주었다.

일주일 뒤, 윤이가 다시 미용실 문을 열고 들어왔다. 얼굴 가득 자랑스러운 표정을 짓더니 내 책을 벌써 다 읽었다고 했다. “어땠어?”라고 묻자, 수줍게 웃으며 정말 재밌었다고 답한다.

나의 이야기가 윤이에게 얼마나 큰 도움이 되었을지는 알 수 없지만, 그 책을 통해 자신의 꿈을 향해 한 걸음 더 나아갈 수 있기를, 그리고 무엇보다 건강하게 자라기를 진심으로 바란다.

윤이가 말한 꿈은 거대한 목표라기보다 무한한 가능성을 상징한다. 아이들의 꿈은 특정한 직업에 갇혀 있지 않다. 그것은 직업이라는 결과가 아니라 ‘되고 싶음(Becoming)’의 상태이다.

즉, 자기 자신을 최고의 모습으로 발현하고 싶은 순수한 열망이자, 아직 세상이 그어놓은 한계를 배우지 않았기에 뿜어낼 수 있는 긍정적인 에너지의 원천이다.

윤이의 꿈은 우리 어른들이 잃어버린 무엇이든 될 수 있다는 낙관적인 희망의 원형을 상기시켜 준다. 어른들의 역할은 아이들의 이 순수한 열망을 성적이나 현실적인 잣대로 평가하고 재단하는 것이 아니다.

그저 가만히 경청하고 진심으로 응원함으로써, 그 막연한 가능성을 현실로 밀어 올릴 수 있는 용기를 불어넣어 주는 것이다.

롯드를 마는 손길 사이로 오간 짧은 대화가 아이에게 작은 희망의 씨앗이 되었다면, 그보다 더 보람찬 일은 없을 것이다. 내가 한 일이 비록 대단한 것은 아닐지라도, 누군가의 성장에 작게나마 도움이 되었다는 사실이 그저 감사할 따름이다.

머리카락을 만지는 이 작은 미용실 의자가, 아이들에게는 잠깐이라도 자신의 꿈을 생각해 보는 가장 편안하고 따뜻한 쉼터가 되기를 꿈꿔본다.

전도유망(傳道有望)

앞길에 희망이 있고, 장래가 유망함을 뜻합니다.

붕정만리(鵬程萬里)

머나먼 여정, 원대한 사업, 앞날의 양양함을 뜻합니다. 원대한 포부나 사나이 대장부의 원대한 꿈을 나타내는 말로 쓰입니다.

맛을 내는 최고의 재료

김장철이 되면 미용실 풍경도 조금 달라진다. 평소 단골이시던 어머니 고객님들의 발길이 잠시 뜸해지기 때문이다. 대개 집안의 큰 행사인 김장을 치르느라 분주하신 탓이다.

하지만 요즘은 풍속도도 변해서, 고된 노동 대신 김치를 사드신다는 분들도 늘어 미용실의 한산함도 예전 같지는 않다.

그런데 올해도 잊지 않고 한 고객님이 김치통 가득 정성을 담아 김치를 가져다주셨다. 작년에 이어 맛본 그 김치는 감탄이 절로 나올 만큼 훌륭했다.

“어떻게 이렇게 맛을 내세요?”

“그저 좋은 재료를 아낌없이 많이 넣으면 돼요.”

그 단순해 보이는 비결 뒤에는 20년이라는 긴 세월의 헌신이 숨어 있었다. 고객님은 20년 전 친정엄마를 여의고 느낀 깊은 허전함과 어머니에 대한 사랑을 갚고 싶어 김장 나눔을 시작하셨다고 한다.

첫해 100포기로 시작한 봉사는 어느덧 올해 300포기까지 늘어났다. 영양 고춧가루 80근, 의성 마늘 20kg, 안동 생강 5kg, 생새우와 온갖 젓갈들, 그리고 3일 동안 정성껏 우려낸 육수까지….

고객님이 전해주신 김치 한 통은 단순한 음식이 아니라, 우리가 삶에서 끊임없이 채워 넣어야 할 좋은 재료가 무엇인지 가르쳐주는 따뜻한 교훈이었다. 고객님은 지속적인 사랑과 정성, 그리고 나눔의 가치를 일깨워 주셨다.

우리의 인생 역시 하나의 거대한 김장과 같다. 최고의 맛을 내기 위해 좋은 재료가 필수적이듯, 우리 삶의 질을 결정하는 것 또한 우리가 어떤 재료를 넣느냐에 달려 있다. 여기서 재료란 눈에 보이는 것이 아닌 시간, 노력, 진심, 그리고 꾸준함이라는 무형의 가치들이다.

특히 20년이라는 긴 시간을 지속할 수 있었던 원동력은 함께하는 이들의 존재였다. 고객님의 선한 뜻에 기꺼이 마음을 합쳐주신 친구분들과 주변 분들의 노고에 깊은 경의를 표하고 싶다.

누군가 불씨를 지피면, 그 곁에서 함께 바람을 불어넣어 불꽃을 키워낸 그분들의 연대가 있었기에 300포기의 김치는 차가운 이웃의 식탁을 데우는 등불이 될 수 있었다.

우리가 인생이라는 그릇에 좋은 태도와 함께 나누는 정(情)이라는 재료를 아낌없이 넣을 때, 우리의 삶 역시 깊은 맛과 온기가 가득한 결실을 맺게 될 것이다.

20년 동안 묵묵히 정성을 들인 고객님과 그 곁을 지켜준 모든 분에게 감사의 마음을 전하며 다짐해 본다. 나 또한 매일 마주하는 고객들에게, 그리고 내 삶의 매 순간에 진심과 연대라는 귀한 재료를 아끼지 않는 사람이 되겠노라고 말이다.

유종지미(有終之美)

끝을 잘 맺는 아름다움으로, 시작한 일을 끝까지 잘하여 결과가 좋음을 이르는 말입니다.

여민동락(與民同樂)

백성과 더불어 즐거움을 함께함을 뜻입니다. 백성을 중심으로 하는 통치자의 이상적인 자세를 비유하는 말로 사용됩니다.

부산 할머니

추석 명절을 일주일 앞둔 시점, 미용실은 평소보다 조금 더 활기를 띤다. 예약제로 운영하면서 예전만큼의 북새통은 아니지만, 명절을 준비하는 손님들의 설렘이 공기 중에 감돈다.

이맘때면 일 년에 딱 두 번, 우리 미용실을 찾아주시는 특별한 손님이 계신다. 부산에 거주하시는 80대 할머니이신데, 명절 연휴를 맞아 서울 자녀분들의 집으로 올라오시며 꼭 나에게 파마를 예약하신다. 벌써 몇 해째 이어지는 인연이다.

수백 킬로미터 떨어진 부산에서 오시는 길이 힘들지 않으시냐고 여쭤보면, "SRT 타면 금방이라 예전보다 훨씬 편하다"며 환하게 웃으신다. 부산에도 분명 단골집이 있으실 텐데, 내 손길이 마음에 쏙 든다며 중간에 커트도 하지 않고 머리를 길러

오시는 그 정성에 마음이 뭉클해진다.

할머니는 언제나 긍정적이다. 그 긍정적인 표현은 나이와 거리라는 제약을 사랑의 힘으로 초월하는 노년의 아름다운 자세를 보여준다. 할머니가 풍기시는 은은한 우아함은 그저 타고난 것이 아니라, 삶의 모든 순간을 자기답게 가꾸어 온 성실한 자기관리의 산물이다.

노년의 자기관리는 단순히 타인에게 잘 보이기 위함이 아니다. 세월을 겪어온 자신의 가치를 스스로 존중하고 아끼는 마음의 표현이다. 가족을 만나러 온 소중한 시간 속에서도 짬을 내어 미용실을 찾는 것은, 자신에게 활력을 불어넣는 할머니만의 '삶의 중심 잡기'일 것이다.

작업하는 동안 부산 사투리로 들려주시는 옛날이야기는 한 편의 드라마다. 예전에 남편분이 건설업을 하셔서 부유했던 시절, 친구분과 택시를 타고 서울에 올라와 쇼핑을 하고 그날 바로 다시 부산으로 내려가셨다는 에피소드나, 집안 가득 놓였던 화려한 자개농 이야기, 베란다에 물이 흐르는 옹달샘을 꾸몄던 이야기들을 듣고 있으면 시간 가는 줄 모른다.

구수한 사투리에 실려 오는 화려했던 과거는 단순한 추억 회상을 넘어, 과거의 경험을 현재의 유쾌함으로 즐길 줄 아는 할머니만의 멋진 능력이다.

인생의 후반기에 접어들수록 '이야기'는 가장 소중한 자산이 된다. 자신의 삶을 재미있고 긍정적인 언어로 풀어내는 능력은 타인과의 관계를 풍요롭게 만들고 세대를 잇는 다리가 된다.

여든이라는 나이가 믿기지 않을 만큼 고운 얼굴과 센스 있는 옷차림, 세련된 액세서리, 그리고 명확하고 자신감 넘치는 표현들. 나는 할머니를 보며 나이 듦을 두려워하지 않고 유머와 품격으로 주변에 에너지를 전하는 법을 배운다.

부디 할머니께서 오래도록 건강하셔서, 매년 명절마다 그 구수한 부산 사투리와 함께 우리 미용실을 찾아주셨으면 좋겠다.

미용실 의자에 앉은 할머니의 뒷모습을 보고 있으면, 참 멋지게 나이 든다는 것이 무엇인지 다시금 생각하게 된다. 많은 이가 나이가 들면 과거의 영광에만 갇혀 있거나 혹은 기력이 없다며 자신을 가꾸는 일을 포기하곤 한다.

하지만 부산 할머니는 과거의 화려했던 기억을 현재에 즐거운 대화 소재로 삼으실 줄 알고, 여전히 자신을 위해 시간을 쓸 줄 아는 분이시다.

아름답게 나이 든다는 것은 주름 하나 없는 얼굴을 유지하는 것이 아니라, 자신이 살아온 세월의 가치를 스스로 귀하게 여기는 태도에서 나온다.

자녀를 보러 오는 길에 자신을 위해 머리를 매만지는 그 마음이야말로 ‘나’라는 존재를 잃지 않으려는 건강한 자존감의 표현이다.

할머니의 이야기가 이어지는 동안 미용실 안은 기분 좋은 활기로 채워진다. 그 시간은 단순히 머리를 하는 과정을 넘어, 한 사람의 풍성한 인생 경험이 고스란히 전달되는 따뜻한 배움의 장이 된다.

나이 듦을 두려워하기보다 현재를 유쾌하게 즐기시는 할머니의 모습에서, 저 또한 앞으로 다가올 시간을 어떤 마음으로 맞이해야 할지 아름답게 나이 드는 법을 배운다.

노당익장(老當益壯)

늙었어도 기운이 더욱 씩씩함을 뜻합니다. '노익장'은 이 말에서 줄여 쓰이는 표현입니다.

신로심불로(身老心不老)

몸은 비록 늙었으나 마음은 늙지 않았다는 의미입니다. 늙지 않는 마음으로 하루하루를 산다면 언제나 청춘으로 살아가는 것입니다.

가족 합창단

토요일 오전. 미용실은 평소보다 더 들뜨고 분주했다. 특별한 손님들이 예약된 날이었다. 오늘 합창단 공연이 있어서 세 따님과 할머니가 머리 세팅을 위해 일찍부터 나오셨다.

하얀 머리에 소녀 같은 맑은 얼굴을 하신 90세가 훨씬 넘은 할머니와 따님들은 평소에도 머리를 하러 같이 자주 오시는 단골 고객님들이다. 할머니는 따님들이 잘 보살펴주셔서 항상 곱고 예쁘시다. 오늘은 연말 가족 합창단 공연이 있는 날이니 더 예쁘게 해 드려야겠다고 마음먹었다.

할머니는 젊은 시절 아이들을 가르치셨던 음악 선생님이셨다고 한다. 하지만 세월의 무게는 어쩔 수 없는지, 아흔을 넘어가면서 기억의 조각들이 하나둘 흐릿해지기 시작하셨다. 그런 어머니를 위해 세 따님은 아주 특별한 처방전을 준비했다. 일주일에 한 번씩 다 함께 모여 성악을 같이 배우기로 한 것이었다.

"혹시 가사를 잊어버리시면 어쩌나 걱정돼요."

따님들은 긴장한 듯 웃으며 말했지만, 사실 그 노래들은 이미 할머니의 삶 깊숙이 뿌리내려 있었다. 가물가물한 기억 속에서도 익숙한 멜로디가 흐르면 할머니는 평소보다 더 밝게 웃으신다.

노래를 같이 배우면서 할머니는 평상시에도 노래를 흥얼거리시고, 본인이 좋아하는 것을 하시니까 더 밝아지셨다고 한다. 기억력이 없어지는 것도 덜하고 말수도 조금 많아지셨다고 한다. 가족과 함께 나누는 시간이 할머니에게는 그 어떤 약보다 강한 치유제가 되었나 보다.

젊은 날에 본인이 좋아했던 것을 다시 하시며 몸 상태도 더 좋아지신 듯하다. 무엇보다 가족들이 같이 노래를 배우니 가족 간이 더 끈끈해지고 공감대 형성도 잘 되어 좋다고 하셨다.

나의 마음을 울린 건 어머니를 향한 따님들의 마음이었다. 여행을 가든 공연을 보러 가든, 어딜 가든지 이 집의 중심에는 언제나 어머니가 계셨다. 어머니와 함께하는 삶 자체가 이들에게는 당연한 기쁨이었다. 할머니를 모시고 다니는 가족들의 극진함은 옆에서 보기만 해도 '어떻게 저렇게 어머니를 잘 모실까?' 싶을 정도로 대단했다.

따님 세 분의 드라이를 한 분씩 정성껏 다 해드리고, 드디어 주인공인 할머니 차례가 되었다.

할머니는 짧은 커트 머리이신데 드라이로 가볍게 잡아주고 아이롱으로 볼륨감을 한 번 더 잡아드리니, 할머니의 얼굴이 거울 속에서 환하게 피어났다.

"와! 우리 엄마 너무 예쁘다!"

따님들의 요란한 칭찬에 할머니는 수줍게 웃으신다.

그 화목한 풍경을 지켜보며 제 손끝에는 뭉클한 온기가 전해졌다.

동시에 고향에 계신 부모님 생각이 많이 났다. '나도 우리 엄마가 아프시면 저렇게 케어를 잘 할 수 있을까?' 하는 물음이 가슴 한구석에 묵직하게 남았다. 아직은 미지수이지만, 이 가족을 보면서 효도와 가족의 사랑을 많이 배우게 된다.

효도란 거창한 희생이 아니라 부모님이 좋아하는 일을 함께 하는 것임을, 그리고 사랑은 기억이 사라지는 속도보다 더 끈끈하게 우리를 묶어준다는 것을 가르쳐준 인생의 스승 같은 분들이다.

미용실 문을 나서는 네 분의 뒷모습 뒤로, 오늘 저녁 무대에서 울려 퍼질 아름다운 합창 소리가 미리 들려오는 것만 같아 한참을 미소 짓게 되는 토요일 오전이었다.

기억이 흐릿해진다는 것은 어쩌면 세상과의 연결 고리가 하나둘 끊어지는 일일지도 모른다. 하지만 이 가족은 그 끊어지는 자리를 '노래'와 '함께하는 시간'으로 다시 이어 붙였다. 음악 선생님이었던 어머니의 가장 빛나던 시절을 소환하여 현재의 기쁨으로 만들어드린 따님들의 선택은 참으로 지혜롭고 아름답다.

효도를 부모님께 무언가를 '해드리는 것'이라고 생각하기 쉽지만 진짜 효도는 부모님의 세계 안으로 들어가 그분들의 손을 잡고 '함께 걷는 것'임을 이 가족을 보며 배웠다. 가사를 잊어도 멜로디에 반응하는 할머니의 미소는, 머리로는 잊어도 가슴에 새겨진 가족의 사랑은 결코 지워지지 않았음을 보여준다.

미용실 거울 앞에서 환하게 웃던 할머니의 모습은 나에게 큰 숙제를 남겼다. 사랑은 거창한 행동이 아니라 바로 지금, 내 곁에 있는 소중한 사람의 머리카락 한 올을 정성껏 만져드리는 마음에서 시작된다는 것을 다시 한번 가슴에 새겨본다.

온고지신(溫故知新)

옛 것을 익히고 새 것을 안다는 뜻으로, 과거 지식을 바탕으로 새로운 통찰을 얻는 지혜를 강조합니다.

금슬상화(琴瑟相和)

거문고와 비파가 서로 조화를 이루듯 부부 사이가 다정하고 화목함을 비유적으로 이르는 말입니다.

생명과 희망

봄볕이 미용실 통유리창을 타고 넘어와 바닥에 길게 드러누운, 기분 좋게 나른한 어느 오후였다. 공기 중에는 샴푸의 은은한 향기와 잘게 부서진 햇살이 쇼윈도우를 가로질러 들어오고 있었다.

3시 예약을 잡은 단골 고객님을 기다리며 가위와 빗을 정돈하다 말고 몇 번이나 출입문을 쳐다보았다. 약속 시간이 조금 지났는데도 나타나지 않는 그녀를 기다리는 마음은, 마치 오랜만에 만나는 친구를 기다리는 것처럼 설레면서도 묘하게 서성거리는 기분이었다.

드디어 딸랑거리는 종소리와 함께 그녀가 들어섰다. 3개월에 한 번씩 규칙적으로 들르는 30대 중반의 그녀는, 손님 이상의 친밀함을 주는 분이시다.

"안녕하세요!"

반갑게 고개를 내밀며 인사를 나누고, 익숙하게 거울 앞에 앉았다. 오늘의 미션은 '어깨선에 닿을 듯 말 듯 한 단발 레이어드 컷'. 묶었을 때 예쁘게 흘러내리면서도 세련된 라인을 유지하는, 은근히 까다롭지만 매력적인 스타일이다.

본격적인 가위질이 시작되자 미용실은 금세 유쾌한 수다로 채워졌다. 분무기로 머리카락을 충분히 적시고, 정성스럽게 섹션을 나누고 커트에 들어가는 동안 대화의 주제는 봄날의 유행으로 흘러갔다.

"원장님, 요즘은 무슨 색이 유행이에요? 올봄엔 샤랄라한 원피스가 입고 싶은데, 바지가 나으려나? 핑크는 너무 과할까요?"

"무슨 소리에요! 고객님은 피부톤이 맑아서 연한 핑크나 베이지톤 원피스가 찰떡이죠. 레이어드 컷까지 하면 분위기 여신되는 건 시간문제에요!"

우리는 마치 세상에서 가장 중요한 국책 사업이라도 논하는 것처럼 심각하고도 즐겁게 올봄 코디를 고민했다.

가위가 경쾌하게 찰칵거리는 소리와 함께 잘려 나간 머리카락들이 바닥에 층층이 쌓여가던 그때, 그녀의 자켓 주머니 안에서 핸드폰이 요란하게 울리기 시작했다.

젖은 머리를 만지던 손을 멈추고 얼른 핸드폰을 끄집어내 그녀의 손에 쥐여주었다. 급하게 전화를 받은 그녀의 목소리가 갑자기 미세하게 떨리기 시작했다.

"네… 네? 아, 네! 알겠습니다… 정말요? 정말 고맙습니다. 정말…"

전화를 끊자마자 그녀가 갑자기 얼굴을 감싸 쥐더니 '펑펑' 울음을 터뜨렸다. 나는 너무 당황해서 들고 있던 가위를 놓칠 뻔했다.

'어머, 내가 너무 짧게 잘랐나? 아니면 아까 원피스 추천이 별로였나?' 순간 머릿속에 수만 가지 생각이 스쳐 지나갔다. 커트 도중에 손님이 이렇게 오열하는 건 24년 미용 인생에 처음 있는 일이었다.

얼른 휴지를 한 움큼 챙겨주고, 그녀의 어깨를 조용히 다독였다. 몇 분간 이어진 울음이 잦아들 무렵, 그녀가 붉어진 눈으로 제 손을 꼭 잡으며 말했다.

"원장님… 저 임신이래요. 드디어 성공했대요."

그녀의 입에서 나온 이야기는 한 편의 드라마보다 더 절절했다. 결혼 후 아이를 간절히 기다렸지만 소식이 없었고, 아홉 번의 시험관 아기 시술이 모두 실패로 돌아갔다고 했다. 아홉 번의 실망, 아홉 번의 상실감은 그녀의 몸과 마음을 만신창이로 만들었다. 이번 열 번째 시술은 정말 마지막이라는 심정으로, '안 되어도 내 팔자다' 생각하며 모든 기대를 내려놓고 받은 것이었다고 했다.

아이러니하게도 삶은 우리가 모든 것을 비워냈을 때 비로소 선물을 건네나 보다. 마음의 빗장을 풀고 욕심을 내려놓은 그 열 번째 봄, 기적처럼 생명의 씨앗이 그녀의 품에 자리를 잡은 것이었다. 그 순간, 미용실 안의 모든 공기가 축복으로 가득 차는 것 같았다.

"세상에, 정말 축하드려요! 너무 잘됐다. 정말 감사한 일이네요!"

나도 모르게 목소리가 커졌다. 생명이란 얼마나 경이로운지, 그 작은 씨앗 하나가 오기 위해 이 여인이 견뎌온 아홉 번의 겨울이 얼마나 추웠을지를 생각하니 내 코끝이 찡해졌다. 그런데 감동에 젖어있을 틈도 없었다. 그녀가 갑자기 거울을 보며 외쳤다.

"원장님! 커트 대충 해주셔도 돼요! 빨리 남편한테 달려가야 해요!"

그때부터 '가위 손'이라도 된 듯 엄청난 속도의 가위질로 커트를 마무리 지었다.

아마 내 인생에서 가장 빠른 손놀림이었을 것이다. 그녀는 예쁘게 정리된 단발머리를 휘날리며, 마치 구름 위를 걷는 사람처럼 미용실 문을 박차고 남편의 품으로 달려갔다.

열 달 뒤, 그 소중한 생명이 무사히 태어났다는 소식을 전해 들었고, 얼마 지나지 않아 유모차 안에서 새근새근 잠든 아기의 천사 같은 얼굴을 보게 되었다.

아이를 낳아 본 사람이라면 안다. 저 작은 생명이 세상에 나오기까지 얼마나 많은 우주의 기운이 필요한지, 그리고 그 존재가 부모의 삶을 얼마나 송두리째 바꿔놓는지를.

우리는 살아가며 수많은 '간절함'과 마주한다. 무언가를 이루기 위해, 혹은 얻기 위해 스스로를 몰아붙이고 때로는 그 무게에 짓눌리기도 한다.

아홉 번의 실패 끝에 기적을 만난 고객님의 이야기는 우리에게 소중한 진리를 일깨워줬다. 진정한 채움은 때로 완벽한 비워냄 끝에 찾아온다는 사실을 말이다. 집착을 버릴 때 비로소 우주의 순리가 우리를 돕기 시작한다는 삶의 신비로운 이치와 닮아있다.

타인의 가장 깊은 고통과 가장 벅찬 환희를 함께 나누고 공감할 때, 그곳은 세상에서 가장 거룩한 장소가 된다.

고객님의 단발머리를 다듬으며 함께 울고 웃었던 그 오후, 나는 머리카락을 만지는 기술자에서 생명의 경이로움을 목격하는 증인이 되었다.

너무 꽉 쥐어 아픈 손을 잠시 풀었을 때, 그 빈손 위로 생각지도 못한 기적의 씨앗이 내려앉기를 바란다. 그리고 그 따뜻한 봄볕 같은 소식들이 우리네 일상 곳곳에서 끊이지 않고 들려오기를 진심으로 소망한다.

고진감래(苦盡甘來)

쓴 것이 다하면 단 것이 온다는 뜻입니다. 모든 어려움은 끝이 있다는 믿음과 인내, 결실의 가치를 전합니다.

정이수신(靜以修身)

고요함으로 몸과 마음을 닦는다는 뜻으로, 외부 소음보다 내면의 평정을 통해 자신을 다스리는 태도를 말합니다.

세상 모든 어머니

남자들에게 '군대' 이야기가 끝없는 무용담이라면, 여자들에게는 '출산' 이야기가 그렇다. 누군가 아이를 낳은 경험을 꺼내기 시작하면 몇 시간이 걸렸는지, 자연분만인지 수술이었는지, 당시의 고통이 어떠했는지…

마치 어제 일처럼 생생한 이야기가 쏟아진다. 그 경험을 공유한 이들끼리는 서로 정말 고생 많았다며 진심 어린 위로를 건네곤 한다.

오늘은 그런 날인가 보다. 출산한 지 얼마 되지 않은 고객님이 방문하셨다. 아기를 집에 계신 이모님께 겨우 맡겨두고, 임신 기간 내내 속절없이 길렀던 머리카락을 자르러 온 것이다.

“원장님, 이제는 샤워할 시간도, 머리 말릴 시간도 없어요. 가슴까지 내려오는 이 머리를 딱 묶일 정도인 쇄골 라인까지 잘라주세요.”

이런 고객님이 오면 내 마음이 바빠진다. 혹여나 집에 두고 온 아기가 울지는 않을까, 엄마를 찾지는 않을까 걱정하는 그 마음을 알기에 저도 모르게 조급해진다. 10분에서 15분 내외, 아주 짧은 시간 안에 정확하고 빠르게 커트를 마쳐야 한다.

그 긴박한 순간에도 우리는 같은 고통과 기쁨을 겪었던 동지로서 육아에 대한 소통을 멈추지 않았다. 가위질 소리 사이로 바쁜 문답이 오간다.

“출산할 때 힘들지는 않았어요? 몇 시간이나 걸렸어요? 자연분만 한 거예요?”

고객님은 1박 2일에 걸친 사투 끝에 아이를 만났다고 했다. 유도 분만을 하며 열 시간 넘게 고통과 싸웠던 기억, 모유 수유가 뜻대로 되지 않아 젖몸살로 고열에 시달리며 마사지를 받아야 했던 힘겨운 시간을 털어놓았다.

“둘째 생각은 있으세요?“

조심스러운 질문에 그녀는 고개를 저으며 웃었다.

“너무 힘들어서 지금은 아무 생각도 안 나요.”

출산은 분명 감당하기 어려운 고통이지만, 집에 돌아가 새근

새근 잠든 아이의 천사 같은 얼굴을 보면 그 고통은 마법처럼 사라진다. 비록 한동안은 잠 못 이루는 밤과 고된 육아가 이어지겠지만 말이다.

드라이도 생략한 채 젖은 머리만 툭툭 털어 서둘러 마무리했다. 미용실 문을 나서는 그녀의 뒷모습을 보며 마음속으로 깊은 응원을 보냈다. 생명을 세상에 내놓고, 자신을 기꺼이 뒷순위로 미뤄두며 엄마가 되어가는 세상 모든 어머니를 진심으로 존경한다.

미용실 의자에 앉아 빨리 잘라달라고 재촉하는 초보 엄마의 모습에서 아름다운 헌신을 본다. 가슴까지 내려오던 긴 머리카락은 어쩌면 그녀가 간직해온 마지막 여유였을지도 모른다.

아이를 돌볼 시간을 벌기 위해 그 소중한 머리카락마저 댕강 잘라내는 결단은, 오직 엄마만이 할 수 있는 사랑의 증거이다. 고통을 사라지게 만드는 것은 마법이 아니라, 나보다 더 소중한 존재를 발견했을 때 터져 나오는 인간의 신비로운 힘이다.

잠든 아이의 얼굴은 그녀가 치러낸 모든 고통에 대한 세상에서 가장 달콤한 보상이며, 다시 내일을 살아갈 에너지가 된다.

출산의 고통이 아무리 크다 해도, 아이의 배냇짓 한 번에 그 기억이 씻겨 내려가는 새로운 에너지가 생긴다. 1박 2일의 진통과 고열의 젖몸살을 견뎌낸 그녀의 몸은 이제 예전 같지 않겠지만, 그 몸은 한 생명을 키워낸, 세상에서 가장 경이로운 존재가 되었다.

우리는 누군가의 희생 위에 존재한다. 오늘 서둘러 집으로 달려간 그녀도, 과거의 우리 어머니들도 모두 그렇게 자신의 시간을 깎아 자식의 시간을 채워주었다.

오늘 밤, 세상의 모든 어머니가 아이의 숨소리 곁에서 짧게나마 평온한 단잠을 이룰 수 있기를 기원해 본다.

은중여산(恩重如山)

은혜가 무거워 산과 같다는 뜻으로, 큰 은혜를 입은 사람에 대해 지극히 감사한 마음을 나타내는 표현입니다.

부자자효(父慈子孝)

부모는 자녀를 자애로 품고, 자녀는 부모를 효성으로 섬겨야 한다는 표현입니다.

부스스한 머리가 좋아요

오전에 미용실 문을 열고 혼자 분주하게 오픈 준비를 하고 있었다. 그때 진이 할아버지가 문틈으로 고개만 살짝 내미시더니 말씀하셨다. 우리 진이 머리 좀 예쁘게 잘라달라고. 얼른 문 쪽으로 달려가 문을 열어드리니, 할아버지는 저녁에 진이가 머리 자르러 올 테니 잘 부탁한다며 미리 현금을 건네주셨다.

진이를 처음 만난 건 녀석이 세 살 무렵이었다. 지금은 벌써 초등학교 4학년 형이 되었지만, 그때도 진이는 말을 참 예쁘고 똑부러지게 잘했다.

처음 방문했을 때, 할머니 손을 잡고 미용실 문 앞에서 서성이던 진이의 모습이 눈에 선하다. 내가 직접 문을 열고 미용실에 들어오라고 손을 내밀었지만, 진이는 싫다며 버텼다.

"신아, 머리카락 예쁘게 잘라야지~~"

"원장님, 저는 부스스한 머리가 좋아요!"

세 살 꼬마 입에서 나온 말치고는 너무나 의젓하고 재치 있어서 한참을 웃었던 기억이 난다.

이런 일이 몇 번 반복되면서 어느덧 진이는 미용실 안으로 들어와 의자에 앉게 되었다. 보통 세 살 아이들은 미용실 보조 의자에 앉히면 혼자 잘 앉아 있지 못하는데, 진이는 의젓하게 머리를 잘 잘랐다. 그래도 아이들 머리는 무조건 빨리 잘라야 한다. 언제 인내심이 바닥날지 모르기 때문이다.

며칠 전, 진이 엄마에게 전화가 왔다. 진이가 머리를 자른다고 수요일 오후 4시까지 가겠다고 예약을 해주셨다. 이제는 벌써 초등학생이 다 되어서 엄마가 예약만 해주면 혼자 미용실에 와서 머리를 자르고 씩씩하게 집으로 간다.

쑥쑥 자라는 아이들을 보면서 신기하기도 하고, 한편으로는 나도 이제 나이 듦을 느낀다.

세월은 정말 빠르다. 부스스한 머리가 좋다던 꼬마 진이가 자기 앞가림을 하는 소년이 된 만큼, 나의 시간도 그만큼 흘러갔음을 실감하게 된다.

미용사는 단순히 머리카락을 자르는 사람이 아니라, 한 사람의 생애 주기를 곁에서 지켜보는 목격자이기도 하다. 문 앞에서 들어오지 못해 서성이던 꼬마가 이제는 엄마의 예약 시간에 맞춰 혼자 의자에 앉기까지, 그 수년의 세월이 미용실 거울 속에 고스란히 담겨 있다.

아이들의 성장은 놀랍도록 빠르다. "부스스한 머리가 좋다"며 나름의 고집을 피우던 세 살의 귀여운 반항아, 이제는 정해진 시간에 방문해 머리를 맡기는 의젓한 태도로 변했다. 훌쩍 자란 진이를 보며 느끼는 나이 듦은 서글픔보다는 대견함에 가깝다.

세월의 흐름은 막을 수 없지만, 그 시간만큼 쌓인 인연의 두께는 무엇과도 바꿀 수 없는 미용사만의 보물이다.

앞으로 진이가 중학생이 되고 고등학생이 되어도, 언제든 편하게 문을 열고 들어올 수 있는 따뜻한 동네 미용실로 남고 싶다.

세월유수(歲月如流)

세월이 물처럼 흐른다는 뜻으로, 시간이 빠르게 지나감을 비유하는 표현입니다.

세월부대인(歲月不待人)

세월은 사람을 기다리지 않는다는 말입니다. 시간이 멈추지 않으니 지금의 삶을 헛되이 보내지 말라는 교훈입니다.

가발

나는 어딜 가든 사람들의 머리를 쳐다보는데, 머리 정수리 부분에 가발을 쓰고 있는 분들이 아주 많아졌다. 정말 자연스러운 분도 계시지만, 어색한 분들도 많이 있다. 탑 부분의 모발량이 너무 많다고 생각되는 분들은 거의 가발인 것 같다.

미용실에 오시는 고객님들 중에 가발이 참 잘 어울리는 분이 계신다. 오늘은 그분이 방문한다고 하셨다. 드디어 도착하셨다. 화사한 미소를 품은 80세 할머니이시다. 일주일 스케줄이 매일매일 빼곡히 있다고 하신다. 일주일 내내 문화센터에서 에어로빅하고 그림도 그리고, 라인댄스도 하며 피아노도 치고, 일주일을 쉴 틈 없이 보내신다.

오늘은 특별히 시간을 빼서 나오셨다. 따님이 일본 오사카에 사셔서 일 년에 한두 번 방문하는데, 이번에 일본에 가신다고 한다. 머무는 기간은 한 달 정도, 일본을 자주 가시다 보니 혼자서도 지하철도 타시고, 혼자서 쇼핑도 다니신다고 얘기를 하셨다. 80이라는 연세에 열정적이어서 너무 부럽다는 생각과 나도 나이 들면 저렇게 살아야지 하는 생각이 들었다.

할머니는 모발이 많이 가늘고 염색을 자주 하셔서 많이 손상된 머리다. 할머니는 가발을 매일 쓰시는데, 어렸을 때 열병을 앓아서 사람들이 죽는다고 했는데 살아나셨다고 웃으면서 말씀하셨다.

그리고 그 이후에 머리카락이 많이 빠져서 줄곧 가발을 많이 쓰셨다고 하신다. 신혼 기간에도 가발을 벗지 않으셨다고 해서 우리는 한참 웃었다.

본인의 약점일 수도 있을 텐데 그것을 드러내어 말씀하시니 할머니가 대단해 보였다. 다른 분들은 가발을 오랫동안 쓰면 그것을 가리는 편인데 말이다. 자신의 단점을 해학적으로 말씀하셔서 미용실에 함께 있던 분들이 그 이야기를 들으며 같이 웃었다.

할머니는 뽀글뽀글 파마를 하신다. 그 위에 가발을 쓸 거긴 하지만 말이다. 너무 컬이 없으면 가발을 써도 머리 모양을 잡아주기 어렵다. 거의 3시간 가량 걸려서 할머니의 파마를 완성했다. 머리를 다 말린 후 그루프로 머리를 말아 드렸다.

그리고 아무렇지 않게 본인이 가지고 오신 가발을 모자를 쓰시는 것처럼 휙 하고 쓰신다. 맨 처음에는 그 모습이 조금 어색했는데 몇 초 지나니 그냥 본인 머리카락 같다는 생각이 들었다.

"정말 잘 어울리시네요~~"

할머니는 미소로 나에게 답했다.

할머니의 가발은 자신감이었다. 가발에 빗질을 하는 것도 아니고 그냥 휙 쓰면 된다. 아무렇지 않게 쓰니까 어색함도 없다. 본인도 어색하지 않으니까 나도 어색하지 않다. 나는 이분을 보면서 느낀 점은 가발을 써도 잘 어울릴 수 있겠구나…

가발을 쓰실 모든 분들이여 자신감을 가지세요. 잘 어울리십니다.

나이 듦이 쉽지가 않다. 나이가 들수록 나이를 받아들이는 게 쉬운 일이 아니다. 하지만 할머니의 모습을 보면서 나도 나이가 들수록 더 밝게 생활하고, 스스로 보살펴주면 저렇게 예쁘게 나이가 들 수가 있다는 생각이 들었다. 할머니가 돌아가신 뒤에도 한참 동안 여운이 마음속에 남아서 웃을 수 있었다.

약점을 감추려 애쓰기보다 오히려 그것을 유쾌한 이야깃거리로 바꾸는 할머니의 모습에서 진정한 삶의 고수를 보았다. 남들에게 보이고 싶지 않은 '빈자리'를 가발이라는 도구로 채우셨지만, 정작 그 자리를 빛나게 한 것은 할머니의 당당한 자신감과 열정이었다.

신혼 때도 가발을 벗지 않았다는 비밀을 웃으며 털어놓으시는 해학은, 세월을 겪어낸 사람만이 가질 수 있는 넉넉한 여유이다. 80세의 나이에도 배움을 멈추지 않고 오사카 거리를 혼자 누비는 그 활력이 가발조차 할머니의 진짜 머리카락처럼 보이게 만드는 마법을 부린 것이 아닐까.

자신을 숨기지 않고 드러내는 순간, 약점은 더 이상 부끄러움이 아니라 그 사람만의 독특한 매력이 된다. 거울 앞에서 가발을 휙 쓰시던 그 경쾌한 손놀림처럼, 우리도 스스로의 부족함을 아무렇지 않게 받아들일 때 비로소 예쁘게 나이 들 수 있다는 소중한 교훈을 얻었다.

외유내강(外柔內剛)

겉은 부드러우나 속은 강하다는 뜻의 사자성어로, 겉모습은 온화해도 내면은 굳센 성품을 가리킵니다.

낙천지명(樂天知命)

하천명을 깨달아 즐기며 이에 순응하는 일을 뜻합니다. '낙천'은 우주의 법칙을 이해해 자연과 합일된 상태, '지명'은 생명의 원리나 참모습을 아는 것을 말합니다.

3부
일상에 스며든 인생

행복을 부르는 집

미용실의 종이 딸랑딸랑 흔들렸다. 30대 중반의 여자분으로, 아기가 자는 틈을 타 잠깐 머리 자르러 왔다고 했다. 두 아이의 엄마인 나도 충분히 그 마음을 알기에, 빨리 잘라 드리기 위해서 손을 바쁘게 움직였다.

"지금 셋째가 태어난 지 얼마 안 됐어요. 근데 아기가 너무 예뻐요."

"정말 예쁘겠어요. 근데 많이 힘드시겠어요?"

"아니요, 아기가 너무 예뻐서 넷째를 생각 중이에요."

"정말요? 너무 힘들지 않겠어요? 잘 생각해 보세요."

흥분과 걱정 어린 말투로 그녀에게 대답했다. 빠른 손동작으로 커트를 마치고, 드라이기로 머리카락을 털어드린 뒤 서둘러 집으로 보내드렸다.

1년이 지난 후, 그녀의 셋째 아기도 많이 컸다. 어느 날 그녀는 남자아이 두 명의 머리를 잘라달라고 맡기며, 셋째를 데리고 얼른 병원에 다녀오겠다고 했다. 5살, 6살 연년생인 남자아이들은 남자애들 치고는 너무나 얌전했다.

"이게 뭐예요?"

하며 질문도 하고, 한 명씩 머리를 자르는 데 큰 불편함이 없었다. 마음 속으로 '어쩌면 아이들 교육을 이렇게 잘 시켰을까, 엄마가 참 잘 기르는구나' 생각했다.

그런데 둘째 아이가 불쑥 한마디를 던졌다.

"우리 엄마 배 속에 '행복이'가 있어요."

나는 너무 놀랐다. 아이를 정말 좋아하던 엄마는 정말로 넷째를 임신한 것이었다. 아이를 이렇게 잘 키우니 힘들어도 잘 해낼 것이란 생각이 들었다. 얼마 지나지 않아 행복이는 태어났다. 너무 예뻤다. 행복이는 아기 때부터 누나나 형이 머리를 자를 때마다 따라와서 가만히 앉아 구경을 하곤 했다. 말도 참 빨랐다. 네 명의 엄마는 아이들에게 큰소리로 말하지도 않았다.

그 모습을 보면서 두 명 키울 때 얼마나 많이 소리를 질렀던가 싶어 나 자신을 반성하게 되었다. 행복이는 말도 잘하고 똑

똑했으며 정말 귀여웠다. '행복이가 태어나지 않았다면 얼마나 속상했을까'라는 생각까지 들 정도였다. 아이 넷을 키우는 자랑스러운 우리의 어머니는 정말 대단하다. 그리고 아이를 참 잘 키운다. 항상 존경하는 마음이다.

미용실을 찾아와 넷째를 생각한다던 엄마의 수줍은 고백이 현실이 되었을 때, 나는 생명이 주는 가장 순수한 기쁨을 목격했다. 아이 하나 키우기도 힘들다며 모두가 망설이는 세상에서, 이분에게 아이는 덜어내야 할 짐이 아니라 삶을 지탱하고 완성하는 커다란 행복 그 자체였다.

특히 나를 깊이 반성하게 한 것은 네 아이를 키우면서도 잃지 않는 엄마의 평온함이었다. 우리는 흔히 아이가 많으면 집안이 아수라장이 될 거라 짐작하지만, 이 가족은 정반대였다. 큰소리 한 번 내지 않고도 아이들을 의젓하게 길러낸 그 여유는, 아이를 통제의 대상이 아닌 하나의 인격체로 존중하는 깊은 사랑에서 나왔을 것이다. 5살, 6살 아이들이 미용실 의자에서 차례를 기다리는 모습만으로도, 부모의 세심한 사랑과 교육이 느껴졌다.

또한, '행복이'라는 태명처럼 넷째를 기쁘게 맞이한 이 가족의 모습은 우리 사회에 귀한 메시지를 던진다. 부모의 희생만을 강조하는 육아가 아니라, 아이와 함께 성장하며 얻는 기쁨이 얼마나 큰지를 몸소 증명하고 있기 때문이다. 훌쩍 자란 형과 누나들이 막내 행복이를 챙기고, 그 모습을 보며 엄마가 미소 짓는 미용실의 오후는 마치 작은 천국 같았다.

아이들의 웃음소리가 층층이 쌓이는 그 집이야말로 이 시대의 진정한 희망이자 보금자리일 것이다. 사랑은 나누면 줄어드는 것이 아니라, 네 배, 여덟 배로 커진다는 명확한 진리를 가르쳐준 이 사 남매 가족에게 다시 한번 존경의 마음을 전한다.

다남다복(多男多福)

자식이 많고 복이 많다는 뜻으로 팔자가 좋음을 뜻합니다.

치가교자(治家敎子)

집안을 다스리고 자손을 가르치다는 의미입니다.

샴푸

따르릉, 따르릉 전화벨 소리가 울렸다.

"1시간 뒤에 샴푸만 가능할까요?"

"네, 예약해 드릴게요. 조금 있다가 뵐게요."

전화를 끊고 잠시 생각에 잠긴다. 사실 미용실에서 '샴푸'는 가장 기본적이면서도 손이 많이 가는 일 중 하나다. 커트나 파마 손님 사이사이에 샴푸만 하러 오시는 손님을 받기가 때로는 번거로울 법도 하지만, 왠지 그 목소리에서 느껴지는 정중함이 내 마음을 움직였다.

한 시간 뒤, 서른대 중반쯤 되어 보이는 남자분이 들어오신다. 그리고 그 뒤를 따라 허리가 조금 구부정한 할머니 한 분이 조심스레 발을 들이신다.

"우리 어머니가 허리가 아파서 집에서 머리를 감지 못하세요. 샴푸 좀 부탁드릴게요."

부드러운 목소리의 아들은 어머니를 미용실 의자로 안내해 드리고는, 밖에서 기다리겠다며 정중히 목례를 하고 나가셨다. 샴푸대에 누우신 할머니는 내 손길이 닿자마자 미안한 기색을 내비치셨다.

"머리만 감으러 와서 미안해요. 허리가 아파서 집에서 샴푸를 못 하니, 아들이 시간 내서 데리러 왔어요. 글쎄."

"아드님이 참 효자이시네요, 할머니."

나는 할머니의 머리를 감겨드리기 시작했다. 아들이 어머니를 생각하는 그 마음이 내 손끝에 전해진 걸까. 샴푸를 두 번 해드리고, 혹여 며칠 동안 또 머리를 못 감으실 것을 대비해 목뒤부터 정수리까지 거품을 충분히 내어 꼼꼼히 마사지를 해드렸다.

평소보다 더 정성을 들여 헹궈드리고, 머리카락도 예쁘게 말려 드렸다. 거울 속의 할머니는 한결 개운해진 표정으로 환하게 웃으셨다.

할머니는 3, 4일에 한 번씩 미용실을 방문하셨다. 어느 날은 머리 감겨주는 게 너무 감사하다며 빵을 잔뜩 사다 주셔서 맛있게 먹기도 했다.

머리를 감는다는 것은 일차적으로 청결을 유지하는 일이지만, 이문늘에게는 아들이 바쁜 시간을 쪼개어 어머니를 모셔오는 '사랑의 실천'이었다. 그 모습이 참으로 감동적이었다.

한 달가량 꾸준히 오시던 두 분은 이제 더 이상 오지 않으신다. 아마 할머니의 허리가 많이 좋아지신 모양이다. 미용실 문을 열고 들어오던 그 따뜻한 모자의 모습이 가끔 생각난다.

미용실에서 샴푸는 가장 기본적이고 일상적인 서비스다. 하지만 허리를 굽히기 힘든 누군가에게 그 10분의 샴푸 시간은 세상 그 무엇보다 절실한 도움의 순간이 되기도 한다.

우리는 누구나 언젠가 타인의 손길이 필요한 순간을 맞이한다. 허리가 구부정해지고 손끝의 힘이 풀리는 노년의 어느 날, 나를 위해 따뜻한 물을 틀어주고 젖은 머리를 말려줄 누군가가 있다는 것이 얼마나 큰 복인지를 새삼 깨닫는다.

미용사로서 하는 일이 누군가에게는 이토록 절실한 도움의 손길이 될 수 있다는 사실에 다시금 앞치마의 매무새를 다잡게 됩니다.

어머니의 헝클어진 머리카락을 씻어내고 정성껏 마사지를 해드리는 동안, 내 손끝에는 아들의 지극한 마음이 그대로 전해져 왔다. 그 마음이 예뻐 나도 모르게 평소보다 더 오래 헹구고 정성을 들였다.

샴푸 위로 흐르는 물소리는 어머니의 불편함뿐만 아니라 고단한 세월까지 씻겨 내려가기를 바라는 모두의 응원가였다.

고객이 더 이상 미용실을 찾지 않을 때, 때로는 섭섭함보다 안도감이 들 때가 있다. 병원 치료가 아닌 미용실 샴푸를 받으러 오셨던 할머니의 경우라면 더욱 그렇다.

이제는 집에서 스스로 머리를 감으실 만큼 기운을 차리셨으리라 믿는다. 샴푸 향기보다 더 진했던 그 아들의 효심이 할머니의 허리를 꼿꼿하게 펴게 한 최고의 보약이었을 것이다.

혼정신성(昏定晨省)

밤에는 부모의 잠자리를 보아 드리고 이른 아침에는 부모의 밤새 안부를 묻는다는 뜻으로, 부모를 잘 섬기고 효성을 다함을 이르는 말입니다.

지성감천(至誠感天)

정성이 지극하면 하늘도 감동한다는 의미다. 몸과 마음을 온전히 바쳐 정성을 다하면 하늘이 감동하여 뜻이 이루어질 것이다.

결혼

요즘 미용실에 오시는 어머니들은 자녀들이 제 나이에 결혼하지 않음을 걱정하신다. 하기야 요즘 결혼할 나이라는 게 어디 있을까? 결혼을 할 때가 바로 그 나이가 아닌가 싶다.

마흔이 넘어도 결혼을 하지 않는 분들이 정말 많다. 부모님들은 본인들 자녀들을 생각하면 마음이 많이 속상하다고 말씀하시곤 하셨다.

우리 미용실에 오시는 분은 60대 초반 여자분이신데, 아들이 곧 결혼하게 되어 한복에 올림머리를 해야 해서 머리카락을 기른다고 하셨다. 궁금한 마음에 자녀분이 몇 살이냐고 물었더니 서른한 살이라고 하셨다.

"부모님 걱정 안 시키고 본인들이 알아서 가니 정말 효자이시네요."

"맞아요. 그런 거 같아요."

요즘은 예전과 달리 자녀들이 스스로 결혼식 준비를 하고 모든 것을 본인들이 결정한다. 참 좋은 현상이라고 생각한다. 부모님들이 조금만 도와주면 나머지는 알아서 척척 해낸다.

사실 우리 때도 그랬다. 웨딩 컨설턴트를 불러서 이른바 '스드메(스튜디오·드레스·메이크업)'라고 하는 것들을 알아서 챙기곤 했다.

요즘은 코로나 이후로 폐업한 결혼식장이 많아서 1년 전에는 예약을 해야 하고, 예식장 잡기가 하늘의 별 따기라고 한다. 그래서 요즘은 먼저 결혼식장을 잡아놓은 후에 상견례를 한다고 한다. 결혼식장 비용도 예전보다는 많이 비싸졌다.

"며느리 될 분은 어떠세요?"

"아들이 좋아하면 하는 거지. 만나보니 착하게 생겼어"

다른 집들은 마흔이 넘어도 결혼도 안 하겠다고 하는데, 알아서 가니 너무 좋겠다고 말씀드렸더니 고개를 끄덕이신다.

요즘은 모든 게 준비되어야 결혼하려고 하므로 준비되어 있지 않으면 아예 결혼할 생각을 하지 않는다. 게다가 모든 것이 준비가 되었다 하더라도 안 가는 사람들이 많다. 그리고 어렵게 결혼을 했다고 하더라도 다시 돌아오시는 분들이 많이 있다. 요즘 분들은 예전처럼 결혼에 목매지 않는다. 결혼한 사람들은 다시는 결혼을 안 한다고 하는 사람들이 더 많을 정도다.

결혼은 정말로 신중해야 하고, 아이들이 태어나면 더 잘 키우기 위해 서로 충분히 얘기하고 정말 아이들을 잘 키워야 한다. 결혼하고 아이를 키우다 보니 정말 힘든 것 같다. 사춘기 때는 더 하고…. 그러니 정말 신중해야 한다.

거울 앞에 앉아 올림머리를 위해 머리카락을 소중히 기르시는 고객님의 뒷모습을 보며, '결혼'이라는 인륜지대사에 대해 깊이 생각해 보게 되었다.

고객님의 흰머리를 가려드리고 푸석해진 머릿결을 다듬어드리는 제 손길에도 평소보다 더 정성이 실린다. 아들의 결혼식을 앞둔 어머니의 마음은 아마도 설렘과 아쉬움, 그리고 대견함이 뒤섞인 복잡한 무늬를 띄고 있겠지요.

예부터 우리 조상들은 결혼을 두고 '백년가약(百年佳約)'이라고 불렀다. 백 년 동안 이어질 아름다운 약속이라는 뜻이다.

하지만 이 약속의 무게가 오늘날에는 너무나 무겁게 느껴지는 모양이다. 제 나이가 되어도 결혼하지 않는 자녀들을 보며 애태우는 부모님들의 마음도 이해가 가고, 완벽한 준비 없이는 시작조차 하지 않으려는 젊은 세대의 조심스러움도 충분히 공감이 간다.

결혼은 모든 인간관계의 시작이라는 뜻인데. 서로 다른 환경에서 사란 누 사람이 만나 하나의 가정을 이루는 것은 단순히 두 사람의 결합을 넘어, 새로운 세계관이 충돌하고 융합되는 거대한 사건이다.

요즘 젊은이들이 결혼에 신중한 이유는 아마도 이 '세계의 결합'이 얼마나 어려운 일인지 본능적으로 알고 있기 때문일 것이다.

고객님이 아들이 좋아하면 하는 거라고 하신 말씀 속에는 깊은 지혜가 담겨 있다. 서로 같지 않음에도 조화를 이루며 사는 것이 결혼의 본질이다.

자녀의 선택을 믿어주고 그들의 결합을 묵묵히 응원해 주는 것, 그것이 부모가 보여줄 수 있는 가장 큰 축복이 아닐까 싶다.

결혼은 완성된 사람들의 만남이 아니다. 부족한 두 사람이 만나 서로의 빈틈을 메워가며 조금씩 완성을 향해 나아가는 과정이다.

내가 미용실에서 헝클어진 머리카락을 정성스레 빗으며 하나의 단정한 모양을 만들어내듯, 결혼 생활도 매일매일 서로의 마음을 빗질하고 다듬어가는 인내의 시간이 필요하다.

특히 아이를 낳고 기르는 과정은 그 인내의 정점이다. 나 역시 아이들을 키우며 때로는 소리를 지르고, 때로는 지쳐 쓰러지기도 했다. 사춘기 아이와 씨름할 때는 결혼이라는 선택이 원망스러울 때도 있었다.

하지만 그 폭풍 같은 시간을 지나며 깨달은 것은, 아이를 키우는 행위가 결국 나라는 사람을 어른으로 성장시켰다는 사실이다. 부모는 아이를 키우며 인간에 대한 깊은 이해와 무조건적인 사랑을 배운다.

요즘 결혼을 선택이라 말하고, 혼자 사는 삶의 편안함을 예찬하기도 한다. 그 또한 존중받아야 할 삶의 방식이다.

그럼에도 불구하고 누군가와 생을 함께하기로 약속하고, 그 험난한 육아의 길에 기꺼이 발을 들이는 이들의 용기는 여전히 눈부시게 아름다운 일이다. 그것은 인간이 할 수 있는 가장 숭고한 모험이기 때문이다.

결혼은 끝이 아니라 시작이다. 서로의 다름을 인정하고, 힘든 순간마다 준비가 덜 되었어도, 조금은 부족해도 괜찮다. 함께라면 거친 바람도 이겨낼 수 있을 것이다.

새로운 출발선에 선 아드님과 며느님, 그리고 그들을 믿음으로 지켜봐 주시는 어머니께 진심 어린 축하를 보낸다. 인연의 매듭이 단단하고 아름답게 지어지기를, 그리고 그 집안에 웃음꽃이 만발하기를 기원한다.

상경여빈(相敬如賓)

서로 공경하기를 손님처럼 하라는 뜻으로, 부부가 가장 가까운 사이이지만 늘 공경해야 한다는 가르침입니다.

거안사위(居安思危)

평안할 때 위기를 생각하라는 뜻으로, 안정 속에서도 위기에 대한 대비를 강조합니다.

짜장면

자주 오시는 60대 단골 여자 손님이시다. 오전에 11시에 예약을 하셨고, 시간에 딱 맞춰 미용실 문을 열고 들어오셨다. 이분은 머릿숱이 참 많으시다. 염색을 따로 하지 않으시는데도 모발이 두껍고 힘이 좋아서인지, 흰색과 검정색이 조화롭게 섞인 회색빛의 머리색이 자연스럽고 예쁘시다.

단발 컷으로 정성스레 머리카락을 자른 후, 평소처럼 앞머리 쪽에만 볼륨을 주는 파마를 진행했다. 그런데 오늘은 손님이 조심스레 입을 떼셨다. 미용실에서 꼭 하고 싶은 게 하나 있는데, 혹시 해도 되느냐고 물으셨다.

“그게 뭘까요?”

“미용실에서 자장면을 한 번 먹어보고 싶어요”

예전 동네 미용실 풍경을 떠올려보면, 아주머니들이 옹기종기 모여 앉아 다 같이 짜장면을 시켜 먹는 모습이 참 보기 좋았는데 그게 그렇게 해보고 싶으셨단다. 마침 1시까지는 다음 예약이 비어 있었다. 나도 마침 점심을 먹어야 할 시간이라 잘됐다 싶어 흔쾌히 짜장면을 시켰다.

짜장면 두 개와 탕수육 작은 것을 주문했다. 얼마 지나지 않아 미용실 앞에 오토바이가 멈추는 경쾌한 소리가 났다. 미용실 안쪽 식탁에 하얀 비닐을 깔고 상을 차렸다.

가운데에 노릇노릇한 탕수육을 놓고, 각자 짜장면 그릇을 하나씩 맡아 젓가락으로 골고루 비볐다. 단맛 섞인 짜장 냄새가 미용실 안을 가득 채웠다. 우리는 탕수육을 곁들여 정말 맛나게 그릇을 비웠다.

손님은 어렸을 적 미용실에서 짜장면을 먹었던 적이 있는데, 그때 그 맛이 평생 잊히지 않을 만큼 맛있었다고 하셨다. 문득 그 시절의 공기가 그리워 다시 한번 해보고 싶으셨던 모양이다.

그 마음이 충분히 이해가 갔다. 어렸을 때의 기억은 몸속 깊이 각인되어, 어른이 되어서도 문득문득 우리를 과거의 행복했던 순간으로 데려다주곤 하니까 말이다.

미용실 가운을 입고 파마 롤을 만 채 짜장면을 비비는 손님의 얼굴에서 아이 같은 순수한 미소를 보았다. 누군가에게 미용실은 그저 머리를 손질하는 기능적인 공간이겠지만, 또 누군가에게는 이처럼 그리운 시절의 온기를 복원하는 기억의 저장소이기도 하다.

우리의 기억은 참 묘하다. 머리로는 잊었다고 생각한 것들도 특정한 냄새나 맛을 마주하면 마치 어제의 일처럼 선명하게 되살아나곤 한다. 이를 '프루스트 현상'이라고 한다.

소설 속 주인공이 마들렌 빵 조각을 홍차에 적셔 먹으며 어린 시절의 기억을 소환하듯, 손님에게는 미용실의 파마약 냄새와 자장면의 고소한 풍미가 결합한 그 순간이 생에서 가장 평온했던 어느 날을 불러오는 열쇠였던 셈이다.

혼자 먹으면 그저 익숙한 한 끼일 뿐인 짜장면이, 거울 앞에서 머리를 매만지며 여럿이 모여 먹을 때는 세상 무엇과도 바꿀 수 없는 성찬이 되었다.

고객님이 그토록 자장면을 그리워했던 것은 단순히 배를 채우고 싶어서가 아니라, 아마도 그 시절이 그리웠기 때문일 것이다.

각자도생의 시대라고 불릴 만큼 앞만 보고 달려가는 요즘, 우리는 이웃과 마주 앉아 밥 한 끼 나누는 소박한 기쁨을 너무 많이 잃어버렸다. 식탁 위에 깐 하얀 비닐 위로 탕수육 한 점을 권하며 나누었던 담소 속에서, 손님이 바랐던 것이 무엇인지 어렴풋이 느낄 수 있었다.

우리는 행복이 대단한 성취나 거창한 사건에 있다고 믿지만, 사실 행복은 아주 소박하다. 머리를 매만지며 예뻐지는 과정을 기다리는 설렘, 그리고 그 기다림의 시간 속에 찾아오는 맛있는 음식과 다정한 대화처럼 사소한 조각들이 모여 우리 삶을 지탱하는 든든한 기둥이 된다.

어린 시절의 기억이 커서도 오래 남는 이유는 그때의 감각이 처음이었기 때문이기도 하지만, 그때 느꼈던 정서적 충만함이 우리 삶의 원형이 되기 때문이다.

손님과 함께 나눈 짜장면 한 그릇도 훗날 또 다른 그리움의 씨앗이 될 수 있다면, 미용사로서 단순히 스타일을 만드는 것을 넘어 누군가의 소중한 추억을 함께 빚어 참 보람차다고 생각한다.

미용실 바닥에 떨어진 머리카락을 쓸어내고, 짜장면 냄새를 환기하며 다음 손님을 맞이할 준비를 한다. 아직 마음 한구석에는 여전히 그 짜장면의 고소한 향기와 손님의 환한 웃음이 남아 있다.

때로는 바쁜 예약을 잠시 뒤로 하고, 고객님의 마음속에 있는 어린아이를 불러내어 함께 밥을 먹는 여유가 우리에게 필요하다는 것을 배운다.

공간은 사람의 온기로 채워질 때 비로소 완성된다는 평범한 진리도 함께 말이다. 오늘따라 유난히 거울 속 풍경이 따스하게 느껴지는 것은, 짜장면 한 그릇에 담긴 그 포근한 기억의 힘 때문일지도 모르겠다.

감구지회(感舊之懷)

지난 일을 생각하는 마음이라는 뜻으로, 과거의 일이나 추억을 떠올리며 느끼는 감정을 비유적으로 표현합니다.

동고동락(同苦同樂)

괴로움도 함께하고 즐거움도 함께한다로, 힘든 일과 기쁜 일을 함께 겪으며 운명을 같이함을 뜻합니다.

청첩장

한 달에 한 번 염색을 하러 오시는 여자 고객님과는 이제 꽤 친해져서 이런저런 깊은 속내까지 나누는 사이가 되었다. 미용의자에 앉아 거울을 마주하고 있으면, 평소 가슴 속에 담아두었던 고민거리들이 자연스럽게 흘러나오곤 한다.

오늘도 고객님은 염색약이 머리카락에 스며드는 동안 요즘 부쩍 머릿속을 떠나지 않던 고민 하나를 꺼내 놓으셨다.

"원장님, 나 고민이 하나 생겼는데, 축의금을 내야 하는지 말아야 하는지 정말 고민이 돼."

사연인즉슨 이러했다. 예전에 다니던 직장에서 꽤 친하다고 생각했던 분이 계셨는데, 얼마 전 아는 동생을 통해 그분 자녀가 결혼한다는 소식을 듣게 되었다고 한다.

문제는 그 예전 직장 사람들과 연락을 안 한 지 벌써 10년도 넘었다는 점이었다. 그러다 우연히 만날 기회가 생겼는데, 그 자리에서 대뜸 청첩장을 주더라는 것이었다.

"너무 뜬금없이 주니까 당황스럽더라고. 요즘은 서로 연락도 안 하고 친하게 지내지도 않는데 말이야."

고객님의 이야기를 듣고 있으니 나조차도 함께 고민이 되었다. '정말 그 결혼식에 가야 하는 걸까?'

전 직장에서는 분명 친하게 지냈던 기억이 있어 무시하자니 마음이 걸리고, 그렇다고 10년의 공백을 깨고 가기에는 그 관계의 밀도가 너무 희박해져 있었다.

고객님은 잠시 창밖을 보며 생각에 잠기시더니, 이내 결연한 표정으로 말씀을 이어가셨다. 결국 '지금'이 가장 중요하다는 결론이었다. 현재의 지금.

우리나라에서 결혼식 축의금은 서로 주고받는 하나의 문화로 정착되어 있지만, 이런 상황처럼 뜬금없는 요구는 조금 아닌 것 같다는 생각이 든다고 하셨다.

지금 내 곁에서 나를 소중하게 해주고, 서로 아껴주는 사람이 진짜 인연이지, 10년 전의 인연이 현재의 나를 흔드는 것은 맞지 않다는 것이었다.

물론 인간관계에 정답은 없다. 하지만 애매한 관계, 그 긴 세월 동안 아무런 접촉도 없었던 관계에서 갑자기 경조사를 이유로 뭔가를 요구한다는 건 예의가 아니라는 생각이 들었다. 상황마다 사람마다 판단은 다르겠지만, 중요한 건 내 주변 사람들과 더 잘 지내는 것이라는 점에는 깊이 공감이 갔다.

주변 사람들을 더 아껴주고, 그들의 말을 더 들어주고, 따뜻한 차라도 한잔 사주면서 말이다. 나 역시 고객님의 염색을 마무리하며, 내 곁을 지켜주는 소중한 사람들을 다시 한번 떠올렸다. 나도 나의 주변 사람들을 더 아껴줘야겠다는 생각을 했다.

미용실 거울 앞에 앉은 고객님과 청첩장에 얽힌 고민을 나누며, 우리가 맺고 있는 '인연의 무게'에 대해 곰곰이 생각해 보게 되었다.

수천 가닥의 머리카락이 서로 엉켜 있듯, 사람의 인연 또한 복잡한 무늬를 그리며 이어진다. 그 많은 머리카락 중에서도 지금 당장 영양을 공급하고 정성껏 다듬어야 할 것은 현재 내 머리에 붙어 있는 모발이듯, 인간관계 역시 '지금 이 순간'의 온기가 가장 중요하다.

우리는 과거에 맺었던 인연을 잘 끊어내지 못해 곤란을 겪기도 한다. 예전에는 가까웠다는 이유로, 혹은 언젠가 다시 볼지도 모른다는 막연한 부채감 때문에 이미 빛이 바랜 관계에 마음을 쓰곤 한다. 고객님의 말씀처럼 인연에도 어쩌면 유통기한이 있는지도 모른다.

10년이라는 긴 세월 동안 안부 한 번 묻지 않았던 관계라면, 그 인연은 이미 자연스럽게 소멸의 과정을 거친 것이다. 그런 관계에서 갑자기 날아든 청첩장은 축복의 초대장이라기보다, 어쩌면 서로에게 부담을 지우는 숙제처럼 느껴질 수밖에 없다.

진정한 관계란 흐르는 물과 같아야 한다. 고여 있지 않고 끊임없이 소통하며 서로의 안부를 묻는 흐름이 있을 때 그 인연은 생명력을 얻는다.

인간(人間)이라는 단어 자체가 '사람 사이'를 뜻하듯, 우리는 혼자 존재할 수 없으며 타인과의 끊임없는 관계 맺기를 통해 완성된다. 그러나 그 관계의 핵심은 과거의 박제된 기억이 아니라 현재의 살아있는 교감에 있다.

지금 내 곁에서 나의 슬픔에 귀 기울여주고 나의 작은 기쁨에 박수를 쳐 주는 사람이야말로 진정한 내 인생을 응원해 주는 사람들이다.

멀리 있는 희미한 옛 인연을 챙기느라 정작 가까이 있는 소중한 이들에게 소홀해진다면 그것만큼 안타까운 일도 없을 것이다. 차 한 잔을 나누며 서로의 눈을 맞추는 그 소박한 시간이 10

년 전의 이름뿐인 인연보다 훨씬 더 값진 이유가 여기에 있다.

나이가 들수록 인연의 폭은 좁아질지 모르지만, 그 깊이는 더 깊어져야 한다고 믿는다. 불필요한 인연의 잔가지들을 과감히 쳐내고, 지금 내 삶의 뜰 안에 피어 있는 꽃들에게 물을 주는 행위는 이기심이 아니라 나 자신의 삶을 존중하는 태도이다.

미용실 문을 나서는 고객님의 뒷모습이 한결 가벼워 보였던 것은, 마음의 짐을 내려놓고 '지금의 인연'에 집중하기로 한 그 당당한 선택 덕분이었을 것이다.

나 또한 오늘 저녁에는 가까운 이들에게 안부 문자라도 한 통 보내야겠다. '그땐 그랬지'라는 추억을 회상하는 것보다 '오늘 하루 어땠어?'라는 다정한 물음이 우리를 더 인간답게 살아가게 하기 때문입니다. 인연은 가꾸는 사람의 것이며, 그 가꿈의 시간은 언제나 '오늘'이어야 한다.

진퇴양난(進退兩難)

나아감도 물러남도 둘 다 어렵다는 뜻으로, 이러지도 저러지도 못하는 곤란한 상황을 이르는 말입니다. 군사적 유래지만 오늘날 직장·경제·인간관계 등 모든 분야에서 해결하기 어려운 난관을 겪을 때 흔히 사용됩니다.

거자일소(去者日疏)

'떠난 사람은 날이 갈수록 멀어진다'는 의미로, 죽은 사람에 대한 생각이 잊혀지거나 멀리 떨어진 관계가 소원해지는 것을 이르는 말입니다.

매직스트레이트

대학교 2학년 여학생이 매직을 하러 왔다. 엄마의 소개로 첫 방문 후 6개월에 한 번씩 꾸준히 찾아주는 단골이다. 엄마를 쏙 빼닮은 학생은 얼굴도 예쁘고 인사성도 밝아 어른들이 딱 좋아할 스타일이다.

보통 매직 스트레이트 시술은 넉넉잡아 3~4시간 정도 걸리고, 모발의 상태에 따라 그 이상의 시간이 소요되기도 한다.

그래서 오늘은 아예 마음의 준비를 단단히 했다. 곱슬기가 심한 편인 데다 숱까지 많으니, 오늘은 꼬박 야근을 해야 하는 날임을 직감했다.

본격적인 작업에 들어갔다. 우선 유화 과정을 거치고 깨끗하게 헹궈낸 뒤, 모발이 손상되지 않도록 영양제를 듬뿍 발랐다.

그 나음은 드라이기로 모발을 충분히 말려주어야 하는데, 숱이 워낙 많다 보니 이 과정조차 다른 사람보다 훨씬 많은 시간이 걸린다. 조금씩 인내심이 시험대에 오르기 시작한다.

이제 매직기를 가져와 열을 달군 후 곱슬을 펴는 '프레스 작업'을 시작할 차례다. 곱슬이 심해 한 번으로는 부족하다. 여러 번 반복해서 펴야 한다.

다른 손님을 대할 때보다 두 배의 힘을 주어 꼼꼼하게 펴내야 하기에 어깨와 손목에 묵직한 통증이 전해진다. 이렇게 전 과정을 마치고 중화 작업과 마지막 컷까지 끝내고 나면 비로소 대장정이 마무리된다.

오후 4시에 시작한 작업이 밤 9시 반이 되어서야 끝났다. 장장 5시간 반 동안 이어진 사투였다. 그렇지만 부스스하던 머리가 윤기 있게 찰랑거리는 모습을 보며 학생이 환하게 웃을 때, 나도 모르게 피로가 싹 가신다.

미용을 업으로 삼는 사람이라면 누구나 겪는 일일 것이다. 매직은 말 그대로 마술 같은 작업이다.

힘든 만큼 만족도가 높고, 무엇보다 나의 인내심을 수련하는 과정이기도 하다. 스타일이 예쁘게 나오면 몸의 고단함은 금세 잊히고 만다. 이런 게 직업적 소명 의식일까. 이 소명 의식이 있기에 끝까지 책임감을 느끼고 고객 한 분 한 분에게 정성을 다할 수 있는 것이리라.

미용실의 하루 중 '매직 스트레이트'만큼 미용사의 인내심과 정성을 요구하는 작업도 드물다. 헝클어지고 구부러진 머리카락 한 가닥 한 가닥에 뜨거운 열기를 더해 곧게 펴내는 과정은, 흡사 거친 원석을 깎아 매끄러운 보석을 만드는 수행과도 닮아 있다.

오늘 찾아온 여대생의 머리카락은 유독 고집이 셌다. 그 고집스러운 결을 하나하나 달래며 펴가는 동안, 단순히 머리 모양을 바꾸는 것을 넘어 내 마음의 결도 함께 다듬는 것 같다.

성실이란 단순히 부지런한 것이 아니라, 마땅히 해야 할 일에 정성을 다하는 마음의 상태를 뜻한다. 5시간이 넘는 시간 동안 손목의 통증을 견디며 매직기를 놓지 않은 것은, 이 학생이 미용실 문을 나설 때 가질 그 당당한 자신감을 선물하고 싶었기 때문이다.

직업적 소명 의식은 거창한 구호에서 나오지 않는다. 남들이 보기엔 그저 머리카락을 펴는 일일지라도, 그 안에는 한 사람의 첫인상을 바꾸고 일상의 기분을 전환해 주는 소중한 가치가 담겨 있다.

'매직(Magic)'이라는 이름처럼, 마법은 저절로 일어나는 기적이 아니라 미용사의 땀방울과 인내라는 재료가 섞여서 만들어지는 정직한 결과물이다.

우리의 삶도 때로는 이 학생의 머리카락처럼 부스스하고 엉망으로 꼬여버린 듯 느껴질 때가 있다. 그러나 조급해하지 않고 적절한 온도로 꾸준히 펴나가다 보면, 언젠가는 눈부신 윤기를 내뿜는 찰랑이는 순간을 맞이하게 된다.

시간 반의 노동 끝에 얻은 그 환한 미소는 나에게 기다림의 미학'을 가르쳐준다. 몸은 비록 녹초가 되었지만, 학생의 뒷모습을 보며 다시금 힘을 얻는다.

누군가의 뒤엉킨 고민을 함께 풀어주고, 그들의 삶에 윤기를 더해줄 수 있다는 것이 내가 가위를 잡고 매직기를 달구는 이유이다.

소명 의식은 사람을 향한 애정에서 시작된다는 것을, 오늘 늦은 밤까지 이어진 시술을 통해 다시 한번 가슴에 새긴다.

마부작침(磨斧作針)

도끼를 갈아 바늘을 만든다는 뜻으로, 아무리 어려운 일이라도 포기하지 않고 끈기 있게 노력하면 반드시 이룰 수 있음을 이르는 말입니다.

물심일여(物心一如)

사물과 마음이 구분 없이 하나의 근본으로 통합됨을 뜻하며, 물질과 정신이 서로 대립되지 않고 하나로 조화된 경지입니다.

해외여행

요즘은 주변을 둘러봐도 해외로 여행을 떠나는 분들이 참 많다. 우리 미용실 고객님 중에도 최근 베트남으로 골프 여행을 가신다며 들뜬 마음으로 방문하신 분이 계셨다. 거의 여든이 다 되어가시는데, 평소 철저한 자기관리 덕분인지 결코 그 나이로 보이지 않는다.

지켜보니 일 년에 두 번 정도는 꼭 해외로 나가시는 것 같다. 여름에 한 번, 겨울에 한 번씩 약 20일 정도 머물며 운동도 하시고 여가를 즐겁게 보내고 돌아오신다. 그 연세에 낯선 타국에서 장기간 머물며 활기차게 생활하시는 모습을 보면 절로 감탄이 나온다.

나 역시 예전에는 아이들에게 넓은 세상을 보여주고 다양한 경험을 쌓아주기 위해 같이 해외여행을 다니곤 했다. 주로 일정에 맞춰 움직이는 패키지 여행을 이용했는데, 가이드가 정해준 계획에 맞춰 이곳저곳을 따라다니는 방식이었다.

돌이켜보면 즐거움보다는 피곤함이 더 컸던 기억이 난다. 정해진 시간 내에 명소를 둘러보고, 남는 시간에 호텔 근처나 쇼핑몰을 전전하는 일은 나에게는 꽤 힘들게 느껴졌다. 여행이 주는 진정한 휴식보다는 임무를 수행하는 기분이라고 해야할까.

여든의 나이에도 스스로 일정을 짜고 스포츠를 즐기며 긴 여행을 소화하는 그 고객님을 뵙고 나면 나 자신에게 질문을 던지게 된다.

'나도 저 나이가 되었을 때 저분처럼 건강하게 지낼 수 있을까? 그때도 여전히 설레는 마음으로 비행기에 오를 수 있을까?'

솔직히 나 자신에게 의구심이 들었다. 세상은 여전히 넓고 우리가 배워야 할 것들로 가득하다. 하지만 그 배움을 실천으로 옮기기 위해서는 무엇보다 몸과 마음의 에너지가 뒷받침되어야 한다는 사실을 다시금 깨닫는다. 나도 그분처럼 오랫동안 세상을 마주하기 위해, 지금부터라도 더 건강하게 지내야겠다는 다짐을 해본다.

거울 앞에 앉아 여행지의 날씨와 골프 코스에 대해 이야기하는 고객님의 눈빛은 열여덟 소녀의 그것처럼 반짝였다. 그 반짝임은 단순히 돈과 시간이 많아서 생기는 것이 아니다.

그것은 자신의 삶을 끝까지 정성스럽게 돌보겠다는 의지이자, 낯선 환경에 자신을 기꺼이 던져 넣으려는 용기에서 나온다.

우리는 여행을 '떠나는 것'이라 생각하지만, 사실 여행은 '나를 마주하는 일'에 가깝다. 익숙한 미용실, 익숙한 집, 익숙한 사람들을 벗어나 전혀 다른 언어와 공기가 흐르는 곳에 서 있을 때, 우리는 비로소 내가 어떤 사람인지, 무엇을 할 때 행복한지 선명하게 깨닫게 된다.

여든의 고객님이 베트남의 뙤약볕 아래서 골프채를 휘두르는 것은 단순히 공을 치는 행위가 아니라, 여전히 살아있고 이 넓은 세상의 주인공이라는 사실을 스스로 증명해 보이는 과정일 것이다.

내가 예전에 다녔던 패키지 여행이 피곤하게 느껴졌던 이유는 아마도 나의 속도가 아닌 타인의 속도에 나를 맞췄기 때문일 것이다. 여행은 목적지에 도착하는 성취감이 아니라, 그곳으로 향하는 과정에서 느끼는 여유와 사색에 본질이 있다.

남들이 다 가는 쇼핑몰이나 호텔에 머무는 것보다, 이름 모를 거리를 걷거나 자신의 취미에 몰입하는 20일의 시간이 훨씬 더 풍요로운 이유는 그 시간이 오롯이 자신의 것이기 때문이다.

인간의 삶을 긴 여행에 비유하곤 하는데. 누구나 태어나서 죽음이라는 종착역을 향해 달려가지만, 어떤 이는 패키지 여행처럼 정해진 일정에 끌려다니고, 어떤 이는 여든의 고객님처럼 스스로 경로를 개척하며 즐거움을 찾는다.

나이가 든다는 것은 비행기를 타는 것이 두려워지는 과정이 아니라, 오히려 비행기 창밖으로 펼쳐질 새로운 구름의 모양을 기대하며 체력을 기르는 과정이어야 함을 배운다.

나중에 내가 저 고객님의 나이가 되었을 때, "다음 주에 여행 가요"라고 말하며 화사하게 웃을 수 있기를 소망해 본다. 여행은 가방을 싸는 순간 시작되는 것이 아니라, 건강한 몸과 마음으로 내일을 꿈꾸는 지금 이 순간 이미 시작된 것일지도 모른다.

안거낙업(安居樂業)

편안히 살고 즐겁게 일한다는 뜻입니다. 지금의 생활에 만족하면서 즐거운 마음으로 일하는 것을 비유합니다.

지행합일(知行合一)

지식과 행동이 분리되지 않고 하나이며 올바른 앎은 반드시 실천으로 이어져야 한다는 뜻입니다.

곶감

스텝 1년 차가 조금 넘었을 무렵이었다. 매일 쏟아지는 일감과 배움의 무게에 치여 치열하게 하루를 보내던 중이었다. 아직 설날은 오지 않은 차가운 겨울날, 미용실 안쪽에서 정신없이 일하고 있는데 매니저님이 나를 부르셨다.

“주연 씨, 택배 왔어요!”

어리둥절한 마음으로 카운터로 향했다.

‘뭘까?’

짧은 순간이었지만 머릿속에는 수만 가지 생각이 오갔다. 내가 택배를 시킨 적은 없는데, 누가 보냈을까? 설레는 마음과 궁금증을 안고 카운터 앞으로 달려가니 매니저님이 라면 상자 정도 크기의 묵직한 상자 하나를 건네주셨다.

그 상자를 들고 직원실로 들어갔다. 그 모습을 본 주변 스텝들이 "그게 뭐냐"며 우르르 몰려와 나를 감싸안듯 에워쌌다. 상자를 식탁 위에 내려놓고 조심스레 칼로 테이프를 잘라 열었다.

짜잔, 상자 안에는 선명한 주황빛의 곶감이 가득 담겨 있었다. 내가 태어난 고향 경상북도 상주는 곶감으로 유명한 동네였다. 고향의 냄새가 상자 안에서 확 끼쳐 왔다.

"와!" 동료들이 자기 일처럼 기뻐해 주었다. 상자 안에는 곶감뿐만 아니라 엄마가 손수 만들어 보내주신 밑반찬 두 가지도 소중히 담겨 있었다.

당시 우리 미용실에는 스텝과 디자이너를 포함해 거의 25~30명의 직원이 있었다. 엄마는 타지에서 고생하는 딸이 동료들과 넉넉히 나누어 먹으라고 곶감을 아낌없이 보내주신 것이었다.

일하다가 틈을 내어 곶감을 한입 베어 물었다. 입안 가득 퍼지는 진한 달콤함에 온몸의 피로가 녹아내리는 듯 기분이 너무나 좋았다.

직원들이 번갈아 가며 들어와 잘 말린 질 좋은 곶감을 하나씩 들고 나갔다. 왔다 갔다 바쁘게 움직이면서도 모두의 입가에는 곶감처럼 달콤한 미소가 걸려 있었다.

그때 한 직원이 상자 바닥 안쪽에 붙어 있는 하얀 봉투 하나를 발견했다. 봉투 안에는 엄마의 정성이 담긴 편지가 들어 있었다. 점장님께서 '엄마 편지인데 한번 읽어보라'고 말씀하셔서, 나는 쑥스럽지만 동료들 앞에서 엄마의 편지를 천천히 읽어 내려갔다.

> 사랑하는 딸 주연에게
>
> 집에서 독립해서 나와 일을 배우는 과정이 많이 힘들거라 생각한다. 하지만 집에서 너를 지지해 주는 부모가 있다는 것을 잊으면 안 된다.
>
> 사랑한다. 엄마가.

짧은 편지였다. 그 시절의 나는 몸도 마음도 많이 지쳐 있었기 때문일까, 편지를 다 읽기도 전에 눈물이 주르륵 흘러내렸다. 그 모습을 지켜보던 직원들도, 엄마의 깊은 마음이 고스란히 전해졌는지 함께 훌쩍이며 눈시울을 붉혔다.

그때의 곶감은 내가 살면서 먹어본 그 어떤 음식보다 달콤했다. 엄마의 편지는 한동안 직원실 게시판에 붙어 있었다. 비록 나의 어머니가 쓰신 편지였지만, 타지에서 각자의 꿈을 위해 고생하는 모든 스텝들에게 그 편지는 마치 자신들의 어머니가 보내온 위로처럼 느껴졌기 때문일 것이다.

벌써 20년도 훨씬 지나버린 이야기다. 지금도 나는 곶감을 참 좋아하지만, 유독 그 시절의 달콤했던 곶감만 떠올리면 엄마의 목소리가 들리는 듯하다. 곶감은 나에게 단순한 간식이 아니라 인생의 고비마다 위로를 건네주는 특별한 과일이다.

엄마의 사랑을 느낄 수 있어 고마웠고, 힘들었던 그 시절에 '나 혼자가 아니다'라는 사실을 깨달으며 나는 다시 일어설 힘을 낼 수 있었다. 지금도 삶이 고달프거나 지칠 때면 곶감을 먹으며 엄마의 사랑을 다시금 되새긴다.

겨울바람이 창을 두드리는 계절이 오면, 미용실 거울 앞에 비친 제 모습 너머로 20년 전의 그 식탁 풍경이 떠오른다. 30명 가까운 동료가 입가에 곶감의 분가루를 묻히며 웃던 그 따뜻한 소란함은 지금도 제 가슴 속에 가장 든든한 자산으로 남아있다.

인생에서 가장 춥고 외로운 시기는 배움의 시간과 겹쳐 온다. 기술을 익히고 사회라는 거친 바다에 첫발을 내딛던 그 시절, 우리는 모두 누군가의 귀한 딸이자 아들임에도 불구하고 낯선 이들의 평가와 고된 노동 앞에 작아지곤 했다.

그때 엄마가 보내주신 상주 곶감은 단순히 고향의 특산물이 아니었다. 그것은 "네가 어디에 있든, 어떤 일을 하든 너는 여전히 우리의 가장 소중한 존재란다"라고 말해주는 엄마의 따뜻한 손길이었다.

상주 곶감은 찬 바람과 햇살을 온몸으로 맞으며 수천 번의 손길을 거쳐야 비로소 진한 단맛을 낸다. 우리네 인생도 그와 다르지 않을 것이다.

스텝 시절의 그 모진 바람과 고단함이 있었기에 지금의 제가 있을 수 있었던 것처럼, 엄마는 곶감을 포장하면서 당신의 딸이 겪고 있을 성장의 통증을 미리 알고 계셨던 모양이다.

편지에 적힌 "너를 지지해 주는 부모가 있다"는 문장은 한 인간이 세상을 살아가는데 필요한 정서적 뿌리를 의미한다. 뿌리가 깊은 나무는 바람에 흔들릴지언정 뽑히지 않듯, "내 편이 있다"는 확신은 험난한 세상을 버티게 하는 가장 강력한 버팀목이 된다.

그 짧은 편지 한 장이 모든 스텝의 눈시울을 적셨던 이유는, 우리 모두 누군가의 무조건적인 응원이 절실한 성장기를 지나고 있었기 때문일 것이다.

이제는 누군가의 선배가 되고, 또 누군가를 가르치는 입장이 되었다. 가끔 힘들어하는 후배들을 볼 때면 그 옛날 직원실 게시판에 붙어 있던 엄마의 편지를 생각한다.

그리고 그들에게 곶감 같은 달콤한 위로의 말 한마디를 건네려 노력한다. 사랑은 이처럼 물길을 따라 흐르고, 누군가에게 받은 위로는 반드시 또 다른 이에게 전해지는 법이니까.

지금도 힘들 때면 곶감을 꺼내 먹는다. 그것은 음식을 먹는 행위를 넘어, 엄마의 사랑이라는 에너지를 보충하는 일이다. 엄마가 보내주신 그 곶감 상자는 20년이 지난 지금도 마음속에서 여전히 열려 있다.

그 안에서 나오는 끝없는 지지와 사랑 덕분에 오늘도 고객님의 머리카락을 만지며 행복한 예술가로 살아갈 수 있다.

엄마, 감사해요. 그리고 사랑합니다.

반포지효(反哺之孝)

까마귀 새끼가 자라 어미에게 먹이를 물어다 주는 효를 뜻하며, 자식이 부모의 은혜를 갚는 지극한 효성을 이르는 말입니다.

애친경장(愛親敬長)

어버이를 사랑하고 어른을 공경한다는 뜻입니다. 가족과 사회에서 올바른 인간관계 형성을 위해 효도와 공경의 마음으로 부모님과 윗사람을 대해야 합니다.

L 할머니

L 할머니는 영이 할머니의 오랜 동네 친구이시다. 영이 할머니는 올해로 아흔셋이 되셨고, L 할머니는 아흔한 살이 되셨다.

두 분 모두 이 미용실을 오픈할 때부터 찾아주신 단골 고객님들이자, 전임 원장님으로부터 인연을 이어받은 아주 오래된 손님들이기도 하다.

얼마 전까지만 해도 영이 할머니는 골반에 금이 가셔서 보행 보조기에 의지해 미용실을 찾으시곤 했는데, 안타깝게도 1년 전부터는 바깥출입이 어려워지셨다.

그에 반해 L 할머니는 여전히 보조기 하나 없이 씩씩하게 잘 걸어 다니신다. 자그마한 체구에 예쁘장한 얼굴을 하신 할머니는 안경을 쓰시고 허리춤에는 조그마한 보조 가방을 메고 다니신다. 항상 깔끔하게 머리를 정리하시는데, 두 달에 한 번은 꼭 파마하시고 한 달에 한 번은 머리카락을 다듬으러 오신다. 아침 일찍 일어나 노인 일자리 사업에도 참여하실 만큼 정정하시다.

할머니 댁은 우리 미용실에서 50m가량 떨어진 곳에 있다. 그러다 보니 어디를 가실 때도, 외출하고 집으로 돌아오실 때도 늘 미용실 앞을 지나가신다.

가끔은 지나가다 들르셔서 다리가 아프다며 잠깐 앉았다가 얼굴만 비추고 가시기도 한다. 성격이 워낙 명랑하고 유순하셔서 동네 어르신들과 다투는 법이 없으시다. 조금이라도 소란스러운 일이 생길 것 같으면 얼른 자리를 피하신다. 내가 봐도 할머니는 참 귀엽고 고운 분이시다.

할머니들의 인생 이야기를 듣다 보면 참 재미있기도 하지만, 힘들었던 시절 이야기를 하실 때면 '그 모진 세월을 어떻게 견디며 사셨을까' 싶어 마음이 아려올 때도 있다.

미용실 창밖으로 오늘도 L 할머니가 보조 가방을 메고 가뿐하게 걸어가시는 모습을 볼 때면, 저절로 미소를 짓게 된다.

구순이 넘은 나이에도 흐트러짐 없는 매무새를 유지하시는 할머니의 모습에서, 진정한 아름다움이란 세월을 거스르는 것이 아니라 세월을 어떻게 품어 안느냐에 달려 있다는 것을 배운다.

할머니는 인간관계의 지혜를 몸소 보여주신다. 유순한 성격으로 이웃과 다투지 않고, 갈등의 상황이 오면 조용히 몸을 피하시는 모습은 결코 유약함이 아니라 내 마음의 평화를 지키고 상대의 인격까시 배려하는 가장 높은 수준의 처세이자 연륜이다.

“말을 항상 조심히 한다”는 할머니의 원칙은, 말 한마디가 누군가에게는 비수가 되고 누군가에게는 꽃이 된다는 사실을 아흔 해의 삶을 통해 깨달으셨기에 가능한 일일 것이다.

사람은 나이가 들수록 외로움과 상실감에 빠지기 쉽다. 하지만 할머니는 일터에서 보람을 찾고, 헬스케어 센터의 지인과 교감하며 자신의 세계를 건강하게 확장해 가신다.

거울 앞에 앉아 파마 롤을 말며 들려주시는 할머니의 옛이야기는 살아있는 역사책이 되고, 할머니의 환한 웃음은 고단한 하루를 위로하는 따뜻한 차 한 잔이 된다.

노년을 성장이 멈춘 시기라고 생각하지만, L 할머니를 보면 노년이야말로 인격의 향기가 가장 짙게 배어 나오는 결실의 계절임을 알게 된다. 작은 것에도 고마워할 줄 아는 겸손함, 이웃을 향한 따뜻한 시선, 그리고 하루를 정성껏 마주하는 성실함. 할머니가 걷는 그 길 위에 우주의 기운이 늘 함께하는 이유는, 할머니 스스로가 이미 우주의 순리에 따라 맑고 밝게 살아가고 계시기 때문일 것이다.

훗날 내 나이 아흔이 되었을 때, 나 또한 누군가의 앞길을 환하게 비춰주는 고운 할머니가 될 수 있을까. 오늘도 미용실 앞을 지나며 창 너머로 손을 흔들어주시는 할머니를 보며, 조용히 마음속으로 해님과 달님께 인사를 건넨다.

"이 귀한 인연을 보내주셔서 참 감사합니다."

경천애인(敬天愛人)

하늘을 공경하고 사람을 사랑한다는 뜻입니다. 자연을 존중하고 인간관계에서 사랑과 존중을 바탕으로 행동해야 한다는 원칙을 강조합니다.

수복강녕(壽福康寧)

장수와 복, 건강과 평안을 누리라는 뜻으로, 오래 살면서 건강하고 평안하게 지내길 바라는 마음을 담습니다.

스탠드

오늘도 막내 경이가 학교를 마치고 미용실로 왔다. 아이는 학교 문을 나서면 습관처럼 미용실로 발걸음을 옮긴다.

학원 가기 전까지 남는 시간 동안 미용실 한쪽에 놓인 식탁에 앉아 못다 한 학원 숙제를 하기도 하고, 잠깐의 휴식을 취하며 간식을 먹기도 한다.

오랜 단골 고객분들이 많다 보니, 우리 아이들이 유치원생 꼬마였을 때부터 지금까지 커가는 모습을 곁에서 다 지켜봐 주신 분들이 많다. 이제 중학교에 올라가 제법 듬직해진 막내의 모습을 보시고는 다들 자기 일처럼 신기해하고 대견해하신다.

경이가 깍듯하게 인사를 드리면 기특하다며 용돈을 쥐여주기도 하시는, 참으로 고마운 우리 고객님들이시다.

어제도 경이가 식탁에 앉아 숙제에 열중하고 있었다. 마침 머리를 하시던 한 고객님이 그 모습을 보시고는 칭찬을 아끼지 않으셨다.

"여기서 공부도 하고 참 기특하네."

아이를 따뜻하게 안아주시며 응원해 주셨고, 경이는 기분 좋은 격려를 뒤로하고 학원으로 향했다.

그런데 어제 오셨던 그 고객님이 오늘 또 미용실 문을 열고 들어오셨다. 손에는 묵직한 박스 하나를 들고 계셨다. 나는 의아한 마음에 여쭈었다.

"어머, 웬 박스예요?"

고객님은 웃으며 상자를 내려놓으셨다.

"어제 지나가면서 보니까 여기 식탁 위가 너무 어둡더라고요. 그렇게 어두운 데서 공부하면 아이 눈 나빠져요."

고객님이 들고 오신 것은 다름 아닌 학습용 스탠드였다. 순간 나는 너무 당황스럽고 고마워서 어쩔 줄을 몰라 했다. 고객님은 사양할 틈도 없이 박스를 개봉해 스탠드를 직접 조립하고 식탁 위에 설치해 주셨다.

전원을 켜니 식탁 주변이 환하게 밝아졌다. 스탠드가 없을 때는 미처 느끼지 못했던, 눈이 시원해지는 밝음이었다.

때마침 경이가 하교 후 미용실로 들어왔다. 고객님은 경이를 반갑게 맞아주셨고, 아이에게 스탠드에 대해 친절히 설명해 주셨다.

공부하는 것도 좋지만 눈이 나빠지면 안 된다고, 열심히 하는 경이를 항상 응원한다며 따뜻한 말씀을 남기시고는 총총히 미용실을 나가셨다.

경이와 나는 한동안 스탠드를 멍하니 바라보며 고객님께 감사하다는 말을 연신 내뱉었다. 여전히 이분은 우리 미용실을 변함없이 찾아주고 계신다.

엄마인 나조차 세심하게 살피지 못했던 부분을 타인인 고객님이 먼저 알아봐 주셨다는 사실에 가슴 한구석이 뭉클했다. 사물을 볼 때 그냥 지나치지 않는 그분의 섬세한 배려와 따뜻한 정이 마음 깊숙이 전해졌다.

그날 이후로 세상을 바라보는 나의 시선이 조금 바뀌었다. 나에게는 꽤 충격적인 경험이었다. 미용실을 운영하며 수많은 선물을 받아보았지만, 이번처럼 정말로 필요했던 것을 예기치 못한 순간에 받아본 적은 없었다.

경이는 아직 친하지 않은 분인데도 누군가가 자신을 이토록 응원해 준다는 사실에 큰 힘을 얻었다고 했다. 오늘은 참 여러 가지를 배우는 날이다.

매일 마주하는 풍경은 익숙함이라는 이름으로 우리의 눈을 가리곤 한다. 엄마인 나는 매일 그 식탁에서 숙제하는 경이를 보면서도, 그곳의 조명이 아이의 시력을 지켜주기에 충분한지 한 번도 의심해 본 적이 없다. 그저 '열심히 하는구나'라는 대견함에만 머물러 있었다.

제삼자의 시선으로 미용실을 바라본 고객님의 눈에는 아이의 구부정한 등 위로 내려앉은 어둠이 먼저 보였던 모양이다.

진정한 배려란 무엇일까를 깊이 생각해 보게 된다. 그것은 상대를 향한 깊은 관찰에서 시작된다. 상대가 무엇을 필요로 하는지, 무엇이 불편할지를 자신의 일처럼 세심하게 살피는 마음이 없었다면 결코 스탠드를 들고 다시 미용실 문을 열 수는 없었을 것이다.

그분은 단순히 물건을 선물한 것이 아니라, 한 아이의 미래를 걱정하는 '어른의 마음'과 우리 가족을 향한 '지극한 관심'을 선물해 주신 것이다. 생면부지의 타인이 건네는 응원이 한 소년의 가슴에 얼마나 큰 파동을 일으키는지 경이의 표정을 보며 깨달았다.

누군가 나를 지켜보고 있고, 나의 성장을 응원하고 있다는 확신은 아이가 세상을 향해 나아가는 데 있어 가장 든든한 등불이 되어줄 것이다. 어두웠던 식탁이 환해진 것처럼, 고객님이 건넨 그 따뜻한 시선은 경이의 마음속에도 밝은 스탠드 하나를 켜주었을 터이다.

나 또한 미용사로서 거울 앞에 앉은 고객님들의 머리카락만 만져온 것은 아닌지 되돌아보게 되었다. 그분들의 표정 뒤에 숨은 고단함이나, 말로 다 하지 못한 삶의 그늘을 나는 얼마나 세밀하게 살피고 있었을까.

스탠드 불빛이 식탁 구석구석을 비추듯, 나의 가위질과 말 한마디도 누군가의 어두운 하루를 밝혀주는 작은 위로가 될 수 있기를 간절히 바래본다.

사물을 볼 때 그냥 지나치지 않는 섬세함, 그리고 그것을 행동으로 옮기는 용기, 이 평범해 보이는 실천이 차가운 세상을 얼마나 따뜻하게 데우는지를 직접 경험한 소중한 하루였다.

이제 경이가 앉아 있는 식탁은 우리 미용실에서 가장 환한 곳이 되었다. 그 환한 불빛 아래서 아이는 자신의 꿈을 키워가고, 나는 그 빛을 나누어주신 고객님의 고귀한 마음을 배우며 다시금 가위를 잡는다. 나도 누군가에게, 어두운 길목을 비춰주는 다정한 스탠드 같은 사람이 되겠노라 다짐하면서 말이다.

추기급인(推己及人)

자기를 미루어 남에게 미친다는 뜻으로, 자신의 처지에 비추어 다른 사람의 형편을 헤아리는 태도를 말합니다.

형설지공(螢雪之功)

반딧불을 모아 그 빛으로 글을 읽고, 겨울밤 눈빛에 비추어 글을 읽었다는 고사에서 비롯되었습니다. 가난과 불리한 여건을 극복한 노력의 결실을 비유하며, 끈기와 성실함을 상징합니다.

눈밑지방재배치

한 고객님이 선글라스를 끼고 미용실 문을 열고 들어오셨다. 두 시간 전쯤, 오후 5시에 염색하러 가도 되느냐고 물으셨던 바로 그분이다.

선글라스로 얼굴의 절반을 가렸지만, 오랫동안 뵈어온 단골이라 단번에 누군지 알아볼 수 있었다. 우리는 마주 보자마자 약속이라도 한 듯 말없이 그저 빙그레 웃었다.

오늘은 흰머리를 가리기 위해 염색을 하러 오셨다고 했다. 염색을 시작하기 위해 선글라스를 조심스레 벗으셨는데, 아직 수술 부위의 실밥도 풀지 않은 상태였다.

예전 같았으면 수술 직후의 생생한 모습을 보고 깜짝 놀랐겠지만, 이제는 미용실에서 이런 풍경을 자주 접하다 보니 무덤덤해졌다. 오히려 실밥을 풀고 난 뒤 환하게 예뻐질 그분의 얼굴이 미리 상상이 되어 즐거웠다.

고객님이 받으신 '눈밑지방재배치'는 눈밑에 불룩하게 튀어나온 지방을 제거하는 대신, 그 지방을 아래의 움푹 팬 눈물 고랑 부위로 옮겨 채워주는 시술이다. 눈 밑을 평평하고 매끈하게 만들어주는 것인데, 요즘 정말 많은 고객님이 이 시술을 한다.

하고 나면 왠지 모르게 인상이 환해지고 훨씬 젊어진 듯한 느낌을 주기 때문이다. 나 역시 나중에 눈밑지방이 고민될 때쯤엔 한 번쯤 해볼 예정이다.

오늘 이분은 평소 이 시술을 꼭 하고 싶어 하셨다. 아직 상처가 다 아물지 않아 붓기가 남아있었지만, 그 모습 뒤로 어려 보일 미래의 모습이 비쳐 보였다.

정성스럽게 흰머리 부분을 염색해 드리고, 머리카락을 다 말린 후에는 예쁘게 드라이까지 넣어 드렸다. 한결 깔끔해진 스타일을 하고 댁으로 향하는 뒷모습이 경쾌해 보였다.

그리고 한 달 후, 다시 미용실에 들르신 그분을 보고 깜짝 놀랐다. 불룩했던 눈 밑은 매끈해졌고, 덕분에 봉긋한 이마와 전체적인 얼굴 라인이 훨씬 자연스럽고 도드라져 보였다.

무엇보다 가장 크게 변한 것은 그분의 분위기였다. 외형적으로 예뻐진 것도 사실이지만, 스스로를 대하는 태도에서 당당함이 묻어났다. 자신감을 되찾으니 눈빛은 반짝였고, 목소리 톤도 이전보다 훨씬 밝고 쾌활해졌다.

이런 긍정적인 변화는 주변 사람들까지 기분 좋게 만드는 힘이 있다. 내가 성형 시술을 무조건 권장하는 사람은 아니지만, 이런 변화를 통해 본인이 자신감을 얻고 삶을 당당하게 대할 수 있다면 그것은 분명 아름다운 일이라 생각한다. 한층 밝아진 그분의 미소를 보니 내 마음까지 환해지는 기분이었다.

미용실은 단순히 머리카락을 만지는 곳이 아니라, 사람들이 거울 속 자신의 모습과 치열하게 마주하는 공간이다. 우리는 매일 거울을 보며 어제의 나보다 조금 더 늙어버린 지점을 발견하기도 하고, 자꾸만 신경 쓰이는 콤플렉스 때문에 마음이 위축되기도 한다.

오늘 선글라스를 쓰고 오셨던 고객님의 용기는 단순히 예뻐지고 싶다는 욕망을 넘어, 나 자신을 더 긍정하고 싶다는 의지의 표현이었을 것이다.

우리는 외적인 변화를 꾀하는 것에 대해서 겉모습만 가꾸는 일이라며 가볍게 치부하곤 한다. 그러나 사람의 내면과 외면은 실처럼 긴밀하게 연결되어 있다.

눈 밑의 그늘 하나를 지워냈을 뿐인데 목소리가 밝아지고 눈빛에 생기가 도는 것은, 외모의 변화가 마음의 빗장을 열어주었기 때문이다. 스스로가 만족스러운 모습일 때 비로소 타인을 향한 시선도 넉넉해지고 삶을 대하는 태도에 여유가 생긴다.

인간(人間)은 끊임없이 자신을 가꾸고 창조해 나가는 존재이다. 그것이 내면의 수양이든, 외적인 손질이든 본질은 같다.

스스로를 아끼고 보살피는 마음이 바탕이 된다면, 적절한 변화는 삶의 활력소가 된다. 고객님이 보여주신 당당한 변신은 주변에 민폐를 끼치지 않으면서도 자신의 삶을 주체적으로 가꾸어 나가는 자기 돌봄의 한 방식이었다.

시술 후, 한 달 만에 만난 그분의 밝아진 목소리에서 아름다움의 힘을 다시금 느꼈다. 진정한 아름다움은 완벽한 이목구비에 있는 것이 아니라, 자신의 변화를 즐기고 그로 인해 얻은 자신감을 세상과 나누는 그 환한 에너지에 있다.

오늘도 거울 앞에 앉아 고민하는 수많은 분에게 말하고 싶다. 남들의 시선에 맞추기 위해서가 아니라, 오로지 나 자신을 더 사랑하기 위한 변화라면 그것은 언제든 환영받아야 할 일이라고 말이다.

화용월태(花容月態)

꽃 같은 얼굴, 달 같은 자태를 뜻하는 사자성어로, 아름다운 여인을 뜻합니다.

심기화평(心氣和平)

마음이 불평이 없고 기분이 화창해져 평온한 상태를 뜻하는 표현입니다.

4부
버티고 나아가는 힘

복지관

오전 10시 반, 미용실 문을 열기 전부터 입구 근처를 서성이는 그림자가 보였다. 문을 열자 한 남성분이 환하게 웃으며 인사를 건네신다.

"원장님, 저 '오픈런' 하려고 기다리고 있었어요."

농담 섞인 인사에 나도 모르게 웃음이 터져 반갑게 맞이했다.

"잠시만요, 금방 준비할게요. 들어오세요!"

사실 전날 퇴근 전에 미리 마무리를 해두기에 오픈 준비랄 것도 없지만, 손님을 맞이하기 위해 정갈하게 의자를 정돈하고 안으로 모셨다.

이분은 40대 초반의 남성 고객님으로, 뇌경색 수술 이후 몸이 조금 불편해져 현재는 복지관에 다니며 재활 활동을 이어가고 계신다. 아프기 전에는 유능한 컴퓨터 프로그래머였다고 하셨다. 처음 우리 미용실을 찾으셨을 때만 해도 수술 후유증으로 감정 기복이 심하셨고, 걷는 것이나 몸을 가누는 게 힘들어 미용실 샴푸대에 누워 샴푸를 받는 것조차 버거워하셨던 분이다.

그런데 어느덧 2년이라는 시간이 흘렀다. 그사이 고객님은 눈에 띄게 달라지셨다. 성격은 몰라보게 밝아지셨고, 얼마 전부터는 도움 없이도 편안하게 샴푸대에 누울 만큼 몸 상태도 호전되었다.

미용실에 오실 때마다 조곤조곤 들려주시는 재밌는 이야기들을 듣다 보면 시간이 금방 지나가곤 한다. 오늘따라 유독 기분이 좋아 보이신다 했더니, 역시나 기쁜 소식을 품고 오셨다.

"원장님, 저 다음 주에 면접 보러 가요! 그것도 두 군데나 기회가 생겼어요. 이번 주는 내내 기분이 좋아서 우울할 틈이 하나도 없었네요."

"너무 잘됐네요. 잘될 거예요. 축하해요"

나도 진심으로 기뻤다. 부모님께서 정말 기뻐하신다며 들뜬 목소리로 말씀하시는데, 그 진심 어린 행복이 내게도 고스란히 전해졌다. 완벽한 취업 확정은 아닐지라도, 병마와 싸우며 사회와 단절되었던 수년의 시간을 뒤로하고 다시 세상 밖으로 나갈 기회를 얻었다는 것만으로도 우리는 함께 감격했다.

"면접 봐야 하니까 너무 짧지 않게, 대신 아주 깔끔하고 멋있게 정리해 주세요."

"그럼요. 제가 멋지게 만들어 드릴게요!"

다시 사회로 첫발을 내딛는 그의 출발선에 서 있다는 생각에 가위질 하나에도 힘이 실렸다. 정성껏 머리카락을 다듬고 손질을 마친 뒤, 거울을 보며 만족해하시는 그에게 농담 섞인 당부를 건넸다.

"너무 기분이 '업' 돼서 면접 때 실수하시면 안 되니까, 오늘은 딱 요만큼만 기뻐하기로 해요!"

환하게 웃으며 문을 나서는 그의 뒷모습에 대고 면접 잘 보시라는 인사를 크게 건넸다. 사실 그의 면접 결과는 크게 걱정되지 않는다. 합격 여부를 떠나, 다시 사회생활을 시작하겠다는 그 의지 자체가 이미 커다란 승리이기 때문이다.

누구에게나 인생에는 빛 한 점 들지 않는 '동굴의 시기'가 있다. 예기치 못한 질병, 갑작스러운 실패, 혹은 깊은 상실감으로 인해 스스로 세상으로부터 격리하고 깊은 어둠 속으로 숨어드는 때 말이다. 40대라는 젊은 나이에 프로그래머로서의 삶을 멈추고 복지관으로 향해야 했던 고객님에게 지난 몇 년은 차갑고 긴 동굴 속의 시간이었을 것이다.

하지만 동굴과 터널의 차이는 희망의 유무에 있다. 터널은 끝이 보이지만 동굴은 막막하다. 그러나 그 막막한 동굴 안에서도 묵묵히 걷기를 포기하지 않고 벽을 더듬으며 나아간 사람에게는, 어느 순간 바늘구멍 같은 빛줄기가 스며들기 시작한다.

오늘 고객님이 가져오신 면접 소식은 그가 긴 동굴의 시간을 견뎌내고 마침내 세상이라는 광장으로 연결되는 문턱에 도착했음을 알리는 신호탄이었다.

우리는 아픈 사람을 보면 안타까움과 동정의 시선을 먼저 보낸다. 하지만 미용실 의자에 앉아 2년 동안 조금씩 몸과 마음을 회복하는 그를 지켜보며, 동정보다는 경외감을 느꼈다.

불편한 몸으로 다시 머리를 감을 수 있게 되고, 타인에게 먼저 재미있는 이야기를 건네며, 다시 일터로 돌아가겠다는 용기를 내기까지 그가 감내했을 인내의 무게가 느껴졌기 때문이다.

동굴 안에서의 삶은 멈춰있는 것처럼 보이지만, 사실은 가장 치열하게 자신을 단련하는 시간이었을 것이다. 외부의 화려한 성과 대신 내면의 소리에 귀 기울이고, 작은 움직임 하나에 감사하며, 다시 일어설 근육을 만드는 시간 말이다. 고객님이 보여준 밝은 미소는 그 어두운 시간을 성실히 통과한 사람만이 가질 수 있는 맑은 빛이었다.

단정히 손질된 머리카락 끝에는 새로운 시작의 설렘이 맺혀 있다. 면접장에 들어설 그의 발걸음은 비록 조금 느릴지라도, 그 누구보다 단단하고 확신에 차 있을 것이다. 사회라는 거친 파도 속에 다시 뛰어드는 그를 진심으로 응원한다.

불요불굴(不撓不屈)

한번 먹은 마음이 흔들리거나 굽힘이 없다는 뜻입니다.

백절불굴(百折不屈)

백 번 꺾여도 굽히지 않는다는 뜻으로, 시련과 실패 속에서도 포기하지 않고 계속 도전하는 태도를 말할 때 사용합니다.

붕어빵

겨울이 왔다. 찬 바람이 옷깃을 여미게 하고 코끝이 쨍해지는 계절이 오면, 약속이라도 한 듯 골목 어디선가 달큼하고 구수한 향기가 피어오른다.

바로 붕어빵이다. 나는 이 겨울의 전령사인 붕어빵을 참 좋아한다. 예전에는 동네 어귀마다 흔하디흔한 것이 붕어빵 포장마차였는데, 요즘은 '붕세권(붕어빵+역세권)'이라는 말이 생길 정도로 붕어빵 구경하기가 여간 힘든 게 아니다.

내가 점찍어둔 붕어빵 집은 즐겨가는 번화가에 있는 곳은 아니지만, 겨울만 되면 늘 사람들로 문전성시를 이루는 명소다. 오늘도 그 앞을 지나가는데 벌써 사람들이 길게 줄을 서 있었다.

사실 지난번에도 큰맘 먹고 줄을 섰다가, 바로 내 앞 차례에서 재료가 소진되어 허탈하게 발걸음을 돌린 적이 있었다. 그날의 아쉬움이 뼛속까지 시렸던 터라, 오늘은 정말 굳은 결심을 하고 '오픈런'을 해보겠노라며 평소보다 서둘러 집을 나섰다.

세상에는 나보다 부지런한 식객들이 훨씬 많았다. 도착해보니 이미 줄은 저만치 늘어져 있었고, 나는 얼른 달려가 그 끝에 몸을 실었다. 내 앞으로 대략 열다섯 명 정도가 서 있었다.

이 집의 운영 철칙은 확고하다. 오전 11시에 문을 열어 오후 4시면 재료 소진으로 미련 없이 셔터를 내린다. 하루치 정해진 물량이 끝나면 그것으로 영업 종료다. 메뉴는 팥과 슈크림 두 가지인데, 나는 자칭 타칭 '팥 마니아'다. 붕어빵의 근본은 역시 팥이라 믿기 때문이다.

오늘만큼은 반드시 붕어빵을 사수하겠다는 일념으로 사람들 틈에 끼어 차례를 기다렸다. 12월의 공기는 차가웠고, 시간이 흐를수록 발가락 끝부터 서서히 온기가 빠져나갔다. 조금씩 줄이 줄어들 때마다 희열을 느꼈지만, 동시에 다리는 팽팽하게 아파오기 시작했다.

드디어 내 앞에 단 두 사람만 남았다. 사실 이럴 때 기다리는 게 제일 고역이다. 코앞에 목표물은 보이지만 손에 잡히지 않는 그 짧고도 긴 시간이다. 마침내 내 차례가 되었다.

"어떻게 드릴까요?"

"팥으로 열 개 주세요!"

기다린 시간이 아까워서라도 넉넉히 주문했다. 가스 불 위에서 노릇노릇하게 익어가는 붕어빵을 보며 참지 못하고 사장님께 슬쩍 물었다.

"사장님, 도대체 비결이 뭐길래 이렇게 장사가 잘돼요? 매번 줄이 너무 길어요."

사장님은 무심한 듯 툭, 한 마디를 던지셨다.

"저는 제대로 합니다. 팥도 중국산 안 쓰고 국산 팥 사다가 직접 고아서 제대로 만들고요, 반죽도 공장에서 떼어오는 게 아니라 내가 직접 배합해서 씁니다."

나는 깜짝 놀라 되물었다.

"정말요? 이 많은 팥을 사장님이 직접 다 하신다고요?"

"그럼요, 남의 손 빌리면 이 맛이 안 나죠. 제가 직접 해야 직성이 풀립니다."

그 짧은 대화 속에서 사장님의 자부심이 느껴졌다. 대단하시다는 찬사를 건네며 갓 구워진 붕어빵 봉지를 받아 들었다. 참지 못하고 길가에 서서 하나를 꺼냈다. 그리고 머리부터 '앙' 하고 크게 한입 베어 물었다. 입안이 델 정도로 뜨거웠지만, 그 맛은 확실히 달랐다.

인위적인 단맛이 아니라 팥알이 씹히는 고급스러운 달콤함, 그리고 눅눅하지 않고 과자처럼 바삭하게 씹히는 겉면이 완벽한 조화를 이뤘다.

붕어빵 봉지를 품에 안고 집으로 돌아가는 길, 옷 안으로 전해지는 붕어빵의 온기를 느끼며 사장님이 하신 말씀이 머릿속을 떠나지 않았다.

"저는 제대로 합니다."

그 투박한 한마디가 내 가슴을 툭 하고 쳤다. 나는 미용실에서 내 손님들에게 '제대로' 하고 있는가? 가위를 잡은 24년의 세월 동안 익숙함에 속아 정작 중요한 본질을 놓치고 있지는 않았나? 팥을 직접 고는 사장님의 정성처럼, 나도 손님 한 분 한 분의 머리카락을 만질 때 그 결 하나하나에 온전한 진심을 담고 있는지 스스로 묻게 되었다.

비단 일뿐만이 아니다. 내 인생 전체를 놓고 봐도 그렇다. 내 삶을 '제대로' 살고 있을까? 대충 남들의 속도에 맞춰, 적당히 타협하며 하루하루를 해치우듯 살아온 것은 아닐까.

붕어빵 사장님이 지키고자 했던 그 고집스러운 원칙이, 오늘날 '진짜'를 그리워하는 사람들을 추위 속에서도 줄을 서게 했다는 사실이 깊은 울림으로 다가왔다.

겨울날의 붕어빵은 단순히 허기를 채우는 간식이 아니었다. 그것은 누군가의 정직한 노동이 빚어낸 따뜻한 위로였다. 나 또한 내일 미용실 문을 열 때, 그 사장님처럼 당당하게 말할 수 있는 하루를 보내고 싶다.

"오늘도 나는 내 손님들에게 제대로 된 진심을 다했다"라고.

붕어빵 봉지는 이미 비워졌지만, 그날 받은 온기는 내 삶의 태도를 생각하게 되는 불씨가 되어 오래도록 남았다.

흔히 '적당히'라는 말로 스스로 위로하곤 한다. 세상이 너무 빠르고 각박해서, 완벽함보다는 효율이 우선시되는 시대이기 때문이다.

추운 겨울날 붕어빵 하나를 사기 위해 기꺼이 30분, 1시간을 기다리는 사람들은 알고 있다. 그 수고로움을 감수할 만큼 가치 있는 것은 제대로 만들어진 무언가라는 사실을 말이다.

붕어빵 사장님의 고집은 미련해 보일 수도 있다. 시중에서 파는 팥앙금을 사다 쓰면 몸도 편하고 이윤도 더 남을 텐데, 굳이 솥에 팥을 삶고 반죽을 직접 젓는 수고를 사서 한다.

그러나 그 '미련함'이 바로 명품을 만든다. 남들이 보지 않는 곳에서 정성을 쏟는 일, 그것이 바로 전문가와 비전문가를 가르는 유일한 척도다.

나의 미용실 의자 위에서도 수많은 가위질이 일어난다. 손님은 알지 못하는 미세한 각도의 차이, 샴푸 할 때의 손가락 압력 하나까지도 제대로 하려는 마음이 없다면 그것은 그저 반복되는 기술일 뿐이다.

붕어빵 사장님을 보며 느낀 부끄러움은 곧 다짐이 되었다. 내 손끝을 거쳐 간 손님이 문을 나설 때, 갓 구운 붕어빵을 먹었을 때처럼 따뜻하고 기분 좋은 만족감을 느낄 수 있다면 미용사로서 그보다 더한 보람은 없을 것이다.

인생도 마찬가지다. 화려한 겉모습보다 속이 꽉 찬 붕어빵처럼, 나의 내면을 제대로 된 가치들로 채워나가고 싶다. 찬 바람이 부는 겨울이 가기 전에, 내 삶의 솥에는 어떤 재료들이 담겨 있는지 다시 한번 가만히 들여다보아야겠다.

무괴아심(無愧我心)

내 마음에 부끄러움이 없다는 뜻으로, 스스로 떳떳하고 후회 없는 삶을 살겠다는 태도를 말합니다.

일념통암(一念通巖)

한 가지 마음으로 정성을 다해 노력하면 바위(산) 같은 큰 장애물도 뚫을 수 있다는 뜻입니다. 정신을 한곳에 집중하면 어떤 일도 성취될 수 있다는 메시지를 강조합니다.

희망의 첫 장

경이가 일곱 살 되던 해, 나는 내 생애 첫 미용실을 오픈했다. 사실 계획대로라면 아들이 초등학교에 입학해 어느 정도 학교생활에 적응한 뒤에 시작하려 했다.

하지만 인생은 늘 계획대로만 흘러가지 않는 법이다. 다니던 직장을 갑작스럽게 그만두게 되었고, 다른 직장을 구하자니 커가는 아이들을 돌볼 시간이 턱없이 부족했다.

아이 곁을 지키면서도 내 일을 계속할 수 있는 방법은 결국 나만의 가게를 여는 것뿐이었다. 그렇게 나의 미용실 오픈은 생각보다 조금 일찍, 서둘러 준비하게 되었다.

직장인으로 살다가 나만의 공간을 만든다는 것은 설레면서도 막막한 일이었다. 혼자서 모든 것을 책임져야 하는 상황이 처음이라 엄두가 나지 않았지만, 엄마라는 이름으로 다시 한번 용기를 냈다.

우선 아이들 학교 주변의 상가들을 천천히 둘러보았다. 부동산에 문외한인 내가 보기엔 어디가 명당인지, 어떤 자리가 적당한지 도무지 감이 오지 않았다.

고민 끝에 일단 전문가의 도움을 받기로 하고, 거리에서 가장 먼저 눈에 띄는 공인중개사 사무실의 문을 열었다.

“사장님, 미용실을 하려고 자리를 보고 있어요. 혼자 운영할 거라 아담하고 포근한 곳이면 좋을 것 같아요.”

내 말이 끝나기가 무섭게 사장님은 서류를 뒤적이더니 어딘가로 다급히 전화를 걸었다.

“잠깐만 기다려 보세요.”

그러고는 나를 보며 바로 따라오라고 손짓하셨다. 얼떨결에 사장님의 뒤를 따라가 도착한 곳이 바로 지금의 미용실 자리였다.

문을 열고 들어선 그곳은 혼자 꾸려가기에 딱 좋은 아담한 사이즈였다. 기존에도 미용실로 사용하던 공간이었는데, 당시에는 의자가 다섯 개나 배치되어 있어 다소 답답한 느낌이 있었다. 하지만 내 눈에는 그 단점보다 가능성이 먼저 보였다.

'의자 수를 줄여서 공간을 넓게 확보하고, 동선을 이렇게 바꾸면 참 괜찮겠다.'

인테리어 구상이 머릿속에 번뜩이며 그려졌다.

가게 밖으로 나오자 공인중개사 사장님이 어떻게 하겠느냐며 의중을 물으셨다. 나는 망설임 없이 대답했다.

"권리금만 조금 조정해 주시면 바로 계약할게요."

이상한 일이었다. 다른 후보지는 단 한 곳도 보지 않았는데, 처음 발을 들인 그 순간부터 이곳에서 시작해야겠다는 확신이 들었다. 주말을 보내고 월요일이 되자마자 바로 계약서를 썼다.

남들은 여러 군데 발품을 팔며 비교해 보고 결정하라고 했지만, 내 직감과 이 장소가 주는 묘한 편안함을 믿기로 했다. 그렇게 나의 미용실, 나의 희망이 시작되는 첫 페이지가 운명처럼 펼쳐졌다.

인생의 큰 결정이 때로는 아주 사소한 이끌림이나 찰나의 직감으로 이루어질 때가 있다. 며칠을 고민하고 수십 군데를 둘러보아도 결정을 내리지 못하는 일이 있는가 하면, 이번 미용실 계약처럼 첫눈에 "여기다" 싶은 확신이 드는 장소가 있다.

아마도 그곳은 단순한 상가 건물이 아니라, 절실했던 내 마음과 새로운 시작을 꿈꾸던 용기가 만나기로 약속된 장소였을지도 모른다.

아이를 키우며 일을 병행해야 했던 엄마의 절박함은 두려움을 이길 수 있는 가장 큰 원동력이 되었다. 직장을 그만두고 막막했던 순간이 오히려 내 꿈을 앞당기는 계기가 되었듯, 위기는 종종 기회의 가면을 쓰고 찾아온다.

다른 곳은 쳐다보지도 않고 바로 계약금을 걸었던 그날의 과감함은, 지금 돌이켜봐도 내 인생에서 가장 잘한 선택 중 하나였다.

작고 아담한 공간에 놓여있던 다섯 개의 의자를 치우고 나만의 색깔을 입히던 그날의 초심을 떠올려본다. 비록 혼자 하는 시작이라 어깨가 무거웠지만, 내 눈앞에 펼쳐진 그 작은 공간은 세상 그 무엇보다 커다란 희망의 들판이었다.

그곳에서 흘린 땀방울과 눈물, 그리고 손님들과 나눈 수많은 이야기가 쌓여 지금의 나를 만들었다는 사실에 깊은 감사를 느낀다.

전화위복(轉禍爲福)

화를 바꾸어 복이 되게 하고 실패로 인하여 성공을 이룬다는 의미입니다.

속전속결(速戰速決)

장기전을 피하고 짧은 싸움으로 끝내는 것을 뜻합니다. 보통 전쟁과 관련해 사용하지만, 전쟁이 아닌 곳에도 비유적으로 무언가를 빠르게 끝낼 때 사용하는 경우도 많습니다.

나의 비타민 C

혼자 미용실을 꾸려가다 보니 몸이 예전 같지 않다. 오늘은 유독 어깨와 목덜미가 뻐근해 자꾸만 손이 갔다. 바쁜 오전을 보내고 모처럼 여유가 생긴 시간, 평소 좋아하던 돈가스를 시켜 먹고 잠시 숨을 돌리고 있었다. 식후엔 습관처럼 비타민 C 한 알을 챙겨 먹었다. 몸의 활력을 조금이라도 붙잡아두고 싶은 나만의 작은 몸부림이었다.

그때, 미용실 앞을 지나가던 동네 언니가 문을 열고 들어오셨다. 환한 햇살을 등에 업고 들어온 언니의 목소리가 미용실 안을 채웠다.

"언니, 안녕하세요!"

“뭐 해? 지금 손님 없네. 날씨가 이렇게 좋은데 예약있어?”

“한 시간 정도는 비어요.”

“그럼 뭐 해, 걷자! 얼른 나와. 양재천 나가서 햇볕도 좀 쬐고 몸 좀 움직여 보자.”

그 말에 홀린 듯 자리에서 일어났다. 문 앞에 ‘잠시 외출 중’이라는 팻말을 걸고, 뻐근한 몸과 더부룩한 속을 달랠 겸 알겠노라 답했다.

구두를 벗어 던지고 편한 운동화로 갈아 신는 발걸음이 가벼웠다. 미용실에서 불과 2~3분만 걸어 나가면 양재천이다. 양재천을 사이에 둔 양옆의 길은 산책하기에도, 러닝을 하기에도 더할 나위 없이 아름다운 곳이다.

늘 실내에서 약품 냄새와 가위 소리에 갇혀 지내다 보니 정작 코앞에 있는 바깥 공기를 마시지 못할 때가 많았다. 언니 덕분에 양재천으로 발을 들이니 막혔던 코가 뻥 뚫리는 기분이었다. 역시 나오길 잘했다는 생각이 절로 들었다.

양재천은 사계절 내내 저마다의 미를 뽐내며 사람들을 불러 모으는 곳이다. 초겨울 오후 2시의 양재천은 평화로움 그 자체였다. 은은한 햇살이 천 위로 내려앉아 부서질 때, 세상이 잠시 멈춘 듯한 한 폭의 풍경화가 내 눈앞을 지나갔다.

“언니, 우리 여기 좀 앉을까요? 공기도 좋고 햇빛을 받으니 마음까지 따뜻하고 편안해지네요. 같이 산책하자고 해줘서 정말 고마워요."

내 진심 어린 말에 언니는 인자한 미소를 지으며 내 어깨를 두드려 주셨다.

"그래, 매일 그 좁은 공간에 갇혀서 계절이 가는지 오는지도 모르고 지내는 게 안타까워. 이렇게 일만 하다가 건강 나빠지면 다 네 손해야. 시간 날 때마다 잠시라도 산책하면서 네 건강 꼭 지켜. 그래야 일도 오래 즐겁게 할 수 있는 거야. 영양제도 잘 챙겨 먹고, 사람이 건강이 최고인 거 잊지 마."

무심코 던진 그 한마디가 지친 내 마음의 틈새를 파고들었다.

바쁘다는 핑계로 나 자신을 돌보는 법을 잊고 살았는데, 누군가 나를 이렇게 세심히 살펴준다는 사실이 얼마나 큰 힘이 되던지. 순간 눈물 한 방울이 뺨을 타고 흘러내렸다. 다시 한번 마음속 깊이 감사의 인사를 드렸다.

생각해 보면 우리는 가장 소중한 자신의 상태를 가장 자주 잊고 산다. 내게 이 언니는 존재 자체로 '비타민 C' 같은 분이다. 비타민 C는 우리 몸에서 스스로 만들어내지 못해 반드시 외부에서 섭취해야 하는 영양소라고 한다. 다른 영양소의 흡수를 돕고, 소화를 촉진하며, 면역력을 높이고 독소를 해독해 주는 그 수많은 장점이 꼭 언니의 성품을 닮았다.

스스로는 채울 수 없었던 내 마음의 빈자리를 따스한 햇살과 산책으로 가득 채워준 언니. 내 삶에 없어서는 안 될 소중한 영양제 같은 언니에게 항상 고맙다는 말을 전하고 싶다.

사람은 혼자서 모든 것을 생산해 낼 수 없는 존재다. 몸속의 비타민 C처럼, 우리의 마음에도 스스로 만들어낼 수 없는 위로와 환기라는 필수 영양소가 필요하다.

때로는 동네 언니의 손이 이끄는 대로 따라나선 산책 한 번이, 수백 알의 영양제보다 더 큰 치유의 힘을 발휘하기도 한다.

작은 미용실 안에서 손님들의 머리카락을 만지며 그들의 이야기를 들어주다 보면 정작 나 자신의 이야기는 들어줄 시간이 없다. 독소가 쌓이듯 피로가 쌓여갈 때, 누군가 밖에서 문을 두드려 나오라고 말해주는 것은 엄청난 축복이다.

언니가 선물해 준 양재천의 초겨울 햇살은 내 몸의 뻐근함뿐만 아니라 마음의 묵은 먼지까지 말끔히 씻어주었다.

나를 돌보는 것은 이기적인 일이 아니라, 타인에게 더 좋은 에너지를 나누어 주기 위한 준비 과정이다. 스스로 비타민 C를 만들어낼 수 없다면, 주변에 있는 좋은 사람들과 풍경을 통해 기꺼이 그 영양분을 흡수해야 한다.

오늘 받은 이 따뜻한 해독 에너지를 가득 품고, 다시 가위를 잡는다. 내일은 내가 누군가에게 비타민 C 같은 존재가 되어줄 수 있기를 바란다.

지기지우(知己之友)

자기 속마음을 참되게 알아주는 친구를 뜻합니다. 말하지 않아도 마음을 읽고 공감하는 친구를 가리킵니다.

지란지교(芝蘭之交)

지초와 난초처럼 향기롭고 맑으며 두터운 벗 사이의 사귐을 의미합니다. 사람과 사람 사이 깊고 진실한 관계를 의미하는 표현입니다.

자전거

나의 아침은 두 바퀴의 위에서 시작된다. 집에서 미용실까지는 걸어서 15분 정도면 충분한 거리이지만, 출근길의 번잡함이나 몸에 감기는 노곤함이 싫어 늘 자전거를 타고 나선다.

페달을 밟아 바람을 가를 때, 이마를 스치는 공기가 머릿속의 복잡한 생각들을 씻어내고 기분을 상쾌하게 깨워주기 때문이다.

자전거는 초등학교 6학년 때부터 내 몸의 일부처럼 익숙한 존재였다. 돌이켜보면 중학교와 고등학교 시절의 등하굣길도 늘 자전거와 함께였다. 교복 치맛자락을 휘날리며, 혹은 가방을 등에 메고 힘차게 달리던 그 시절부터 자전거는 내 일상에 가장 가까운 동반자였다.

특히 봄날의 자전거 여행은 내게 가장 큰 휴식이자 사치다.

미용실 근처 양재천을 따라 한강변까지 이어지는 자전거 길은 그야말로 장관이다. 양옆으로 흐드러진 꽃들과 푸릇푸릇한 나무들이 줄지어 선 그 길을 따라 달리면, 폐부 깊숙이 시원한 공기가 차오른다. 한강변으로 향하는 그 아름답고 예쁜 풍경들을 보고 있으면 세상의 시름이 잠시 잊히곤 한다.

나는 눈이 오나 비가 오나 자전거를 탄다. 비가 오면 빗속을 뚫고, 눈이 오면 미끄러운 길을 조심스레 살피며 나아가는 그 길은 마치 미용사로 살아온 나의 세월과도 같다.

궂은날이라고 해서 가위를 내려놓을 수 없듯, 자전거 손잡이를 놓지 않는다. 궂은 날씨에도 꿋꿋이 페달을 밟는 그 고집스러운 시간 속에서, 변함없이 오늘 하루를 지탱할 힘을 얻는다.

자전거는 참 정직한 기계다. 내가 페달을 밟는 만큼만 앞으로 나아가고, 균형을 잡지 않으면 금세 쓰러지고 만다.

자전거는 단순한 이동 수단을 넘어, 매일 아침 나를 정화해주는 소중한 친구다. 매일 아침 출근길, 바람을 가르며 머리를 식히는 그 짧은 5분이 나에게는 하루를 버틸 수 있는 나만의 시간이다.

미용실 안에서 손님들의 머리카락과 씨름하며 보낼 긴 하루를 시작하기 전, 오직 나의 힘으로 바람을 마주하며 속도를 내는 이 행위가 나를 다시 '나'로 세워준다. 오늘도 두 바퀴가 그리는 원을 따라 나의 하루가 둥글고 활기차게 굴러간다.

여조삭비(如鳥數飛)

새가 하늘을 날기 위해 자주 날갯짓하는 것과 같다는 뜻으로, 배우기를 쉬지 않고 끊임없이 연습하고 익힘을 말합니다.

안분지족(安分知足)

제 분수를 지키며 만족할 줄 아는 모습으로 절제할 줄 아는 태도를 나타내는 표현입니다.

나를 되찾는 연습

미용실 거울 앞에 앉는 수많은 어머니의 삶은 참으로 닮아 있다. 평생을 자식을 위해, 가정을 위해 헌신하며 나보다는 가족이라는 울타리를 먼저 생각하며 산다.

자녀들을 뒷바라지하느라 정작 당신은 여행 한 번 가는 것도 사치라 여기며 꺼리고, 주말이면 쉬지도 못한 채 찾아온 자녀의 아이를 돌보거나 반찬을 만드느라 분주하다. 본인에게 쓰는 돈은 천 원짜리 한 장도 아까워 옷 한 벌 선뜻 사지 못하면서도, 가족을 위해서라면 기꺼이 모든 것을 내어준다.

이런 분들을 뵐 때면 마음 한구석이 아릿해 온다. 가족을 돌보느라 자기 자신을 돌볼 시간은커녕, 정작 내가 무엇을 좋아하는지조차 잊어버린 채 살기 때문이다.

평생을 서울에 사셨으면서도 가족 없이는 다른 동네 나들이조차 어색해하고, 혼자서 영화 한 편 보는 것도 힘겨워하시는 모습이 너무나 안타까웠다. 세상은 넓고 갈 곳은 많은데, 어머니들의 발걸음은 늘 집과 시장, 그리고 자녀들의 집이라는 좁은 원 안에서만 맴돌고 있었다.

나는 거울 너머로 어머니들의 눈을 맞추며 조심스레 말씀드리곤 한다.

"어머니, 이제는 가족 누구의 눈치도 보지 마세요. 내가 하고 싶은 게 있다면 그냥 하시고, 여행도 남편분 스케줄 맞추느라 포기하지 마세요. 정 안 되면 혼자서라도 훌쩍 다녀오세요."

행복은 누군가 가져다주는 선물이 아니라, 내가 나를 대접할 때 비로소 피어나는 꽃이다. 이제는 가족의 그림자에서 벗어나 자신의 몸과 마음을 먼저 살펴야 한다.

내가 무엇을 먹을 때 행복한지, 어느 길을 걸을 때 마음이 평온해지는지 스스로 묻고 답하는 시간이 필요하다. 나를 더 잘 살피고 아껴줄 때, 비로소 몸과 마음은 한층 더 건강해지고 삶의 진정한 활력을 되찾을 수 있기 때문이다.

어머니들의 손은 늘 거칠고 투박하다. 그 손은 가족을 위해 쌀을 씻고, 아이의 옷을 빨고, 끊임없이 무언가를 만들어낸 훈장과도 같다.

하지만 그 훈장이 때로는 어머니들을 가두는 보이지 않는 감옥이 되기도 한다. "자식들이 잘되는 게 내 행복이지"라는 말씀은 고결하지만, 그 문장 속에서 어머니 본인의 존재는 늘 지워져 있다.

행복의 우선순위를 바꾸는 것은 결코 이기적인 일이 아니다. 오히려 내가 행복해야 내 가족에게도 더 건강하고 밝은 사랑을 전해줄 수 있다.

혼자서 낯선 동네를 산책해 보고, 극장에 앉아 영화 한 편에 몰입해 보는 사소한 경험들이 쌓여 '누구의 엄마'가 아닌 '나 자신'을 재발견하게 한다.

미용실은 머리카락을 자르는 곳만이 아니라, 어머니들이 묵혀두었던 속마음을 꺼내어놓고 다시금 '여자'이자 '나'로 돌아가는 치유의 공간이 되길 바란다.

오늘부터라도 우리 어머니들이 남편과 자식이라는 닻을 잠시 올리고, 오직 본인만을 위한 행복의 바다로 항해를 시작하시길 진심으로 응원한다.

반박귀진(返朴歸眞)

노자 도덕경의 근본 사상으로, 옛날에 순박했던 대로 되돌아가서 참된 것을 회복한다는 의미입니다.

자중자애(自重自愛)

사전적 정의는 말이나 행동·몸가짐을 삼가 신중하게 함이며, 동시에 스스로를 소중히 여기고 아끼다라는 두 가지 뜻을 갖습니다.

거울 속 삶의 균형

오늘의 예약 손님은 50대 남자 고객님이시다. 미용실 문을 열고 들어오시는 발걸음부터 익숙하다.

"안녕하세요"

짧은 인사만 나누고는 자연스럽게 자리에 앉으신다.

"어떻게 해드릴까요?"라는 질문은 굳이 필요하지 않다. 오랜 세월 내 가위 끝을 믿고 맡겨주시는 단골 고객님이시기에, 말 없이 고객님의 취향과 두상을 떠올리며 가위를 잡는다.

오늘도 고객님은 아무 말씀 없이 거울 앞에 앉으셨다. 한 달에 한 번씩 규칙적으로 다듬는 짧은 커트 스타일이다.

바리깡으로 라인을 너무 바짝 밀기보다는 가위와 클리퍼를 적절히 섞어 라인을 자연스럽게 잡아드리고, 전체적인 길이를 정성껏 정리해 나간다.

왼쪽 옆머리부터 세밀하게 자르기 시작하는데, 미세하게 고개가 조금씩 갸우뚱하며 한쪽으로 기운다. 나는 다시 고객님의 고개를 바르게 잡아드리고 반대편을 자르려는데, 이번에는 반대쪽으로 고개가 슬며시 기우뚱한다.

혹시 내 가위질이나 서 있는 자세가 불안정해서 그런가 싶어 정면 거울을 유심히 살펴보았다. 하지만 거울 속 고객님의 고개는 이미 어느 한쪽으로 미세하게 기울어져 있었다.

이렇게 고개가 한쪽으로 치우치면 미용사로서는 여간 곤혹스러운 게 아니다. 머리카락의 각도와 길이를 재는 기준선이 무너지기 때문이다. 양쪽 머리 스타일의 밸런스를 맞추려 애쓰다 보면, 기울어진 고개 탓에 다시 반대쪽 균형을 잡느라 평소보다 배의 힘이 들어간다.

문득 생각에 잠긴다. 사실 우리 몸은 정직하다. 나도 모르게 한쪽으로 기운 고개나 굽은 어깨는 평상시 그 사람의 생활 습관이나 건강 상태를 고스란히 반영한다.

자세가 바른 사람은 대개 본인의 몸 관리에 철저하다. 그런 분들은 의자에 앉을 때도 어깨가 당당하게 벌어져 있고 허리가 꼿꼿하게 펴져 있다. 신기하게도 그런 분들은 안색도 맑고 건강해 보이신다.

자세가 좋아야 머리카락도 예쁘게 잘리는 법이다. 기울어진 자세를 바로잡으며 커트를 마치는 동안, 나는 비단 머리카락의 대칭만을 생각하지 않았다.

우리의 삶도 이와 같지 않을까. 마음의 자세가 어느 한쪽으로 치우쳐 있으면 세상사가 어긋나 보이고, 억지로 균형을 맞추려다 보면 주변 사람들까지 힘이 들기 마련이다. 꼿꼿한 허리에서 건강한 기운이 나오듯, 바른 자세로 앉아 계신 고객님의 뒷모습에서 완벽한 스타일이 완성된다는 것을 새삼 깨닫는다.

미용실 의자는 인생의 축소판과 같다. 수만 명의 손님을 겪다 보니, 이제는 자리에 앉는 자세만 보아도 그분이 요즘 어떤 마음으로, 어떤 건강 상태로 사시는지 어렴풋이 짐작하게 된다.

고개가 기운다는 것은 단순히 뼈가 휜 것만을 의미하지 않는다. 어쩌면 삶의 어느 한 부분이 너무 무거워 자신도 모르게 그쪽으로 마음의 무게추가 쏠려 있는지도 모를 일이다.

머리카락을 자르는 내내 고객님의 고개를 바르게 교정해 드리는 행위는, 나에게 있어 단순히 커트를 잘하기 위한 준비 과정이 아니다. 그것은 흐트러진 그분의 일상에 잠시나마 중심을 찾아드리는 작은 마음과도 같다.

억지로 세운 고개가 다시 기우뚱할 때마다 더 세심하게 가위질을 한다. 자세가 비뚤어지면 머리 모양이 예쁘게 나오지 않듯, 우리 삶의 모양새 또한 바른 태도 위에서만 비로소 아름답게 맺히기 때문이다.

어깨를 펴고 허리를 세우는 것만으로도 호흡이 달라지고 세상을 보는 시야가 바뀐다. 오늘 방문하신 50대 고객님이 미용실 문을 나설 때는, 정돈된 머리카락만큼이나 꼿꼿하고 당당한 자세로 세상을 향해 걸어가시길 응원해 본다. 몸의 자세가 곧 삶의 자세라는 것을, 거울을 보며 다시 한번 배운다.

심신일여(心身一如)

마음과 몸이 하나라는 뜻으로, 건강한 육체에 건강한 정신과 일맥상통합니다.

중용지도(中庸之道)

어느 한쪽으로 치우치지 않고 중간을 지키는 도리를 뜻합니다. 우리의 자세와 마음가짐 역시 편중됨 없이 바르게 세워져야 건강하고 조화로운 삶을 유지할 수 있음을 상징합니다.

주연으로 살기

주연이라는 내 이름은 어렸을 때는 바꾸고 싶었다. 왜냐하면 중학교 때 같은 반에 나를 포함해서 3명의 주연이가 있었다.

안주연, 조주연, 황주연 이 친구들에게는 물어보지는 않았지만 한 반에 어떻게 같은 이름의 학생이 3명이나 있어야 했는지 항상 불만이었다.

나는 키가 작아서 작은 주연이었고 키 큰 주연이는 큰 주연이었다. 중간 주연은 뭐라고 했는지 기억이 나지 않는다. 키 작은 나는 주연도 마음에 들지 않았는데 작은 주연이라니... 이런 이유로 크면 이름을 바꿔야겠다고 생각했다.

그리고 이 아이들이랑 같은 고등학교까지 그대로 올라갔다. 이렇게 이름에 불만을 가지고 살았다.

언제부터인지 그 이후로는 나와 똑같은 이름을 보지 못했다. 새롭게 만난 친구들은 내 이름이 예쁘다고 했다.

그리고 미용실을 오픈하면서 내이름을 걸고 미용실을 오픈했다. 전에는 바꾸고 싶었던 이름이었는데 말이다. 이제는 소중한 이름이 되었다. 미용을 하면서 자존감이 올라가서 그런가 이 일을 완성해 나가면서 나의 이름도 더 좋아졌다.

그리고 결혼을 하면서 아이들의 이름으로 나를 불렸다. 그 때는 점점 내가 없어지는 느낌이었다. 나를 잃어가는지도 몰랐다.

오랜만에 만난 선생님이 나를 '조주연, 주연아, 조주연, 조주연' 오랜만에 나의 이름을 불러주니 아이 엄마, 미용실 원장, 아내로만 지냈던 내 안의 내가 조금씩 나왔다. 한동안 내 자신을 멈춰두고 가려둔 채 나를 두고 왔었다.

이름이란 그런 거 같다. 내 자신을 찾는 순간, 나를 내가 만나는 시간이었다. 나는 내 자신을 찾아가고 있다는 것을....

김춘수 시인의 시처럼, 누군가 나의 이름을 불러주었을 때 나는 비로소 그에게로 가서 꽃이 된다. 평생을 '주연'으로 살면서도 정작 그 이름의 주인공이 누구인지 잊고 살 때가 많다.

특히 한국 사회의 여성들은 자녀의 이름 뒤에 숨어 자신의 이름을 지우는 것을 미덕으로 알고 살아왔다.

'작은 주연'이라 불리던 소녀가 자기 이름을 내건 미용실의 주인이 되고, 다시 자신의 이름을 듣고 눈물짓는 과정은 한 인간이 자아를 찾아가는 여정과 같다.

이름은 우리가 세상에 태어나 처음으로 받는 가장 큰 선물이다. 그 이름 속에는 우리가 어떤 사람으로 살아야 할지에 대한 축복이 담겨 있다.

이름을 사랑하는 것은 곧 나를 사랑하는 일이며, 나를 사랑할 때 비로소 타인의 삶도 아름답게 매만질 수 있다. 이름이라는 짧은 단어 속에 깃든 긴 세월의 기록을 되짚으며, 오늘도 주인공의 '주연'으로 살아가기 위한 힘을 얻는다.

자지자명(自知者明)

자기를 아는 사람이 진정 현명하다는 뜻으로, 자기 인식이 지혜의 출발점임을 강조합니다.

명부기실(名副其實)

겉으로 보이는 명성이 실제 내용과 정확히 일치하는 상태를 뜻합니다. 명실상부와 같은 의미로 사용됩니다.

몸살

몸이 너무 아프다. 어젯밤부터 목이 부어오르기 시작했는데, 타이레놀과 빨간 봉지의 한약을 챙겨 먹고 잤는데도 아침에 도저히 일어날 수가 없었다.

내가 일어나지 못하니 아이들도 깨워줄 사람이 없어 결국 지각을 하고 말았다. 엄마인 내가 꼼짝도 못 하고 누워 있으니 집안의 시계가 멈춰버린 것 같았다. 아이들은 깜짝 놀라 세수만 대충 하고 학교로 뛰어나갔다. 내가 아프니 아이들조차 챙길 수가 없었다.

아이들이 학교로 간 후 다시 침대에 몸을 눕혔다. 그동안 참 많이 힘들었나 보다. 조금만 더 쉬어야지…. 몸살은 진작부터 내게 쉬어주라고 신호를 보냈는데, 결국 이렇게 정말로 누워버리는 상황이 오고야 만 것이다. 일단 오늘은 다행히 예약이 없다.

침대에 누워 있으니 별의별 생각이 다 든다. 머리는 지끈거리는데, 왜 꼭 아픈 날에야 억지로 쉬게 되는 건지 원망스러운 마음도 든다. 하지만 어쩔 수 없다.

오늘은 하늘이 정해준 쉬어가는 날이다. 일단 쉬자, 자자….

한참 만에 다시 눈을 떴다. 오후 2시쯤 된 것 같다. 집에 아무도 없고 몸엔 힘이 하나도 없다.

이제 좀 정신이 드니 미용실로 출근을 할지 말지 고민이 깊어진다. 가게를 오픈한 뒤로는 손님이 있든 없든 문을 닫는다는 게 참 마음에 걸린다. 돈이 문제가 아니라, 혹시라도 고객님이 왔다가 닫힌 문 앞에서 발길을 돌릴 것을 생각하면 너무나 미안한 일이다. 하지만 결정했다.

오늘은 정말 쉬어가는 날이다. 무리하게 일을 나가면 다음 날 더 힘들어질 것이고, 아픈 몸으로는 고객님들께 밝은 미소 대신 찡그린 얼굴을 보일 것만 같았다. 그것은 나에게도, 나를 믿고 찾아오는 분들에게도 예의가 아니다.

기계도 기름을 치고 닦아야 오래가듯, 내 몸이라는 엔진에도 오늘은 휴식이라는 연료를 채워주어야겠다. 오늘은 미안함을 잠시 접어두고, 오직 나를 위한 시간을 보내기로 했다.

흔히 쉬는 것을 멈춤이나 지체라고 생각한다. 하지만 오늘 찾아온 몸살은, 그동안 앞만 보고 달려온 내 삶이 잠시 숨을 고르라고 보내는 가장 정직한 편지였다.

휴식은 단순히 아무것도 하지 않는 시간이 아니라, 방전된 에너지를 다시 채우고 어긋난 균형을 맞추는 가장 적극적인 자기 관리라는 것을 이제야 깨닫는다.

모든 것을 혼자 짊어져야 하는 1인 미용실 운영자로서, '쉰다'는 결정은 큰 용기가 필요한 일이다. 고객에 대한 미안함 때문에 아픈 몸을 이끌고 가위를 잡는 것이 책임감처럼 느껴질 때도 있지만, 최상의 컨디션으로 고객의 아름다움을 찾아드리는 것이야말로 더 큰 책임감의 표현일 것이다.

오늘은 그동안 고생한 나의 손마디와 팽팽하게 긴장했던 어깨에게 고맙다고 말해주는 시간을 가지려 한다. 비어있는 의자는 고객을 외면하는 것이 아니라, 더 건강하고 따뜻한 나의 손길을 기다리는 예비의 시간이 될 것이다.

푹 쉬고 일어난 후의 미소는, 그 어떤 약보다 더 강력하게 나의 일상을 치유해 줄 것이라 믿는다. 진정한 휴식은 내일을 위한 채움이다.

이퇴위진(以退爲進)

후퇴를 통해 앞으로 나아간다는 의미입니다. 나아가려 할 때 물러서는 지혜가 필요하다는 역설적 상황에서 쓰이며, 과도한 급진함을 경계하는 의미로도 해석됩니다.

허실생백(虛室生白)

방을 비우면 햇빛이 쏟아져 들어와 환하게 밝아진다는 뜻으로, 마음을 비우는 사람에게 복이 찾아온다는 비유입니다.

다이어트

오래 서서 일하다 보니 다리가 많이 아프다. 오늘은 발바닥까지 욱신거린다. '왜 이렇게 아프지?' 싶었는데, 저녁때쯤 되니 엉덩이 근처까지 통증이 올라온다.

가만히 되짚어보니 한동안 운동을 너무 멀리했다. 매일 바쁘다는 핑계로 집과 직장만 다람쥐 쳇바퀴 돌듯 오가며 몸을 움직이지 않았다. 일 마치고 집 옆 공원이라도 한 바퀴 돌아야 했건만, 피곤하다는 이유로 한동안은 집에만 있었다.

문제는 그다음이었다. 일하는 동안 제대로 챙겨 먹지 못한 보상심리 때문인지, 퇴근 후 집에 들어와 밥과 간식을 잔뜩 먹어치웠다.

그렇게 살은 야금야금 차올랐고 어느새 배도 불룩 나왔다. 이제 몸에서 경고를 보내는 것 같다. 다리도, 허리도 아파지며 몸 전체가 불편해지고 있다. 정말 살을 빼야 할 때가 온 것이다.

살을 빼기로 결심하고 '무엇을 먹을까' 고민하며 계획을 짰다. 아침과 저녁에는 양배추를 가늘게 채 썰고 당근, 오이, 토마토를 곁들인 뒤, 단백질 보충을 위해 계란 두 알을 먹기로 했다.

점심 한 끼만 밥을 먹는 계획이었다. 칼로리가 덜 나가는 음식이 뭐가 있을까 싶어 유튜브 동영상을 찾아보니 '이것만 먹고 한 달 만에 10kg을 뺐다'는 연예인들의 비법이 가득했다. 그렇게 한창 공부하던 중 친구가 왔다.

"나 요즘 살이 많이 쪄서 살을 빼야겠어. 양배추랑 당근, 토마토만 먹고 뺄 거야."

나의 야심 찬 계획을 들은 친구가 말했다.

"나도 요즘 저녁에 많이 먹어서 살을 빼는 중인데, 그냥 하루에 한 끼만 먹어. 그렇게 해서 3주 만에 5~6kg 뺐어."

그 말을 듣고 친구를 보니 정말 눈이 휘둥그레졌다. 몸에 라인이 생기고 얼굴선도 갸름해져 있었다. 친구는 덧붙였다.

"우리 다 알잖아. 어떤 걸 먹는 게 아니라, 안 먹는 게 다이어트야."

순간 머리를 한 대 맞은 듯 '띵' 하는 울림이 있었다. 맞는 말이다. 살을 빼기 위해 '어떤 걸 먹으면 좋을까'를 고민하고 있었는데, 정답은 그저 '안 먹는 것'이었다.

생각해 보니 삶의 모든 이치가 마찬가지다. 무슨 문제가 생기면 우선 '안 하는 것'이 답인데, 우리는 자꾸 다른 무언가로 대체해서 그 늪으로, 미궁 속으로 빠지곤 한다.

다이어트도 결국 안 먹으면 되는 일이다. 우리는 생각보다 최소한의 양으로도 지탱할 수 있는데, 이 간단한 진리를 잊고 살았다.

살면서 그냥 안 하면 되는 일이 얼마나 많을까. 사춘기 아들과 싸울 일이 생겼을 때, 같이 맞서 싸우는 대신 그저 '안 하면' 적어도 사이가 나빠지지는 않는다. 그냥 안 하면 되는 일들이 우리 삶에 참 많이 있다.

다이어트도 결국 마음에서 오는 것이다. 더 건강해질 나를 위해, 이번 기회를 나 자신을 더 깊이 지켜보는 시기로 삼아야겠다.

무언가 결핍을 느끼면 자꾸만 외부에서 새로운 것을 들여와 채우려 했다. 살을 빼기 위해 또 다른 음식을 찾아내고, 스트레스를 풀기 위해 무언가를 더 하고, 갈등을 해결하기 위해 더 많은 말을 쏟아냈다.

오늘 친구의 조언을 통해 깨달은 진리는 덜어냄의 미학이다. 독소가 쌓인 몸에는 보약보다 단식이 필요하듯, 꼬여버린 관계와 복잡한 일상에도 '멈춤'과 '안 하기'가 가장 강력한 처방전이 될 수 있음을 느낀다.

사춘기 아들과의 관계를 다이어트에 비유해 보니 마음이 한결 편안해진다. 사랑이라는 이름으로 자꾸 무언가를 가르치고 간섭하려 하기보다, 때로는 그저 묵묵히 지켜봐 주며 잔소리를 '안 하는 것'이 내게는 최고의 소통일지도 모른다.

내가 무언가를 더 하려 할 때보다, 내 욕심과 고집을 내려놓을 때 몸과 마음은 비로소 건강한 궤도로 돌아올 것이다.

오늘부터는 내 삶의 군살들을 하나씩 덜어내 보려 한다. 그냥 안 해도 될 말, 굳이 먹지 않아도 될 음식들을 걷어내며 가벼워진 몸만큼이나 맑아진 마음으로 거울 앞에 서고 싶다.

다이어트는 나를 더 소중히 여기고 지켜보는 시간이다. 내가 더 건강해지기 위해, '채우는 법'이 아니라 '비우는 법'을 다시 배운다.

과유불급(過猶不及)

무엇이든 지나친 것은 모자란 것보다 못하다는 뜻입니다. 무리하면 오히려 해롭다는 예시가 자주 언급됩니다.

심사숙고(深思熟考)

깊이 생각하고 곰곰이 생각한다는 뜻으로, 깊이 잘 생각함을 의미합니다.

가래떡

미용실 근처에 사시는 고객님이 지나가시다가 갓 뽑은 가래떡이라며 건네주고 가셨다. 쫄깃쫄깃한 가래떡은 어떻게 먹어도 참 맛있다. 짭조름한 김에 싸서 먹어도 맛있고, 달콤한 꿀에 듬뿍 찍어 먹어도 맛있다. 후라이팬에 노릇노릇하게 구워 먹으면 겉은 바삭하고 속은 촉촉해서 자꾸 손이 간다. 그렇게 먹다가 남은 식은 떡은 어슷썰기로 얇게 잘라 잘 말려두었다가, 떡국을 끓여 먹어도 일품이다.

나에게 가래떡은 단순한 음식을 넘어선 추억이다. 새해가 다가오면 집안 가득 보관하던 쌀을 가지고 방앗간으로 향했다. 엄마가 커다란 다라이에 힘들게 들고 오시면 모락모락 피어나는 가래떡을 일단 집안 사람들과 나누었다. 집으로 돌아오는 길에도 아는 분을 만나면 한 뭉텅이씩 나누어 드리고, 이웃 주민들과도 나누어 먹었다. 가래떡은 참으로 정이 많은 음식이다.

그 귀한 가래떡을 오늘 먹었다. 참 감사했다. 하얗고 길게 늘어진 가래떡을 보면서 식구들이 생각나고, 내 주변 분들의 얼굴이 하나둘 떠올랐다. 나를 생각해서 떡을 챙겨준 고객님의 마음이 고마워 한 번 더 감사함을 느꼈다.

갓 뽑아낸 가래떡의 길쭉한 모양을 보고 있으면, 사람과 사람 사이의 인연도 끊어지지 않고 저렇게 길게 이어지길 바라는 마음이 든다.

어릴 적 방앗간 앞에 서서 설레며 기다리던 기억이 난다. 엄마의 커다란 다라이 속에는 쌀로 만든 떡만 들어있던 것이 아니라, 한 해를 건강하게 잘 살아보자는 가족을 향한 기도와 이웃을 향한 넉넉한 인심이 가득 담겨 있었을 것이다.

요즘은 무엇이든 쉽고 빠르게 사 먹을 수 있는 세상이지만, 직접 쌀을 가져가 뽑은 떡을 나누는 그 '수고로운 정'은 점점 보기 드물어지고 있다.

그래서 오늘 고객님이 주고 가신 떡 한 토막이 나에게는 더 소중하게 느껴진다. 나를 떠올려준 누군가의 마음이 가래떡처럼 쫄깃하게 내 일상에 달라붙어 힘을 주는 기분이다.

음식은 입으로만 먹는 것이 아니라 추억과 마음으로도 먹는다는 것을 다시금 깨닫는다. 가래떡을 나누던 예전의 풍경처럼, 나도 내가 가진 기술과 마음을 주변에 기꺼이 나누며 살고 싶다는 생각을 해본다.

길게 늘어나는 가래떡처럼 나의 감사도, 타인을 향한 나의 정성도 끊이지 않고 오래오래 이어지기를 바란다.

오유지족(吾唯知足)

나는 오직 만족함을 안다는 뜻으로, 남과 비교하지 말고 현재 가진 것에 만족하라는 가르침입니다.

상부상조(相扶相助)

서로서로 도와준다는 뜻입니다. 서로를 위하고 챙겨주는 따뜻한 마음을 나타냅니다.

장갑

우리 미용실의 최고령 단골손님이신 할머니께서 파마를 하러 오셨다. 올해 춘추가 무려 95세이시다. 보행기를 끌고 오시는 할머니는 식사도 잘하시고 귀도 밝으시며, 말씀도 잘하시고 기억력도 또렷하시다.

하지만 젊은 시절 고생을 많이 하신 탓에 관절이 많이 안 좋으시다. 손가락 마디마디가 다 아프다고 하시고, 무릎은 수술을 했었지만 연세가 있으셔서 이제 연골이 다 닳아 통증이 너무 심하다고 하신다. 그래도 식사를 잘 챙겨 드시는 모습을 뵈면 참 다행이다 싶다.

할머니는 늘 뽀글뽀글한 파마를 하신다. 오전에 오셔서 파마를 말고 나면, 파마가 되어지는 1시간 정도는 집에 가셨다가 다시 미용실로 오셔서 마무리를 하신다.

오늘도 파마를 다 마친 후 돌아가시는 할머니의 옷매무새를 챙겨드리고 있는데, 마침 초겨울 바람이 쌩하고 불어왔다.

할머니는 관절염 때문에 여름에도 장갑을 끼고 다니시는데, 오늘은 어쩐 일인지 장갑을 안 끼고 오셨다. 왜 그랬냐고 여쭈니 깜빡하고 집에 두고 오셨다고 한다.

서랍 속에 있던 새 장갑을 얼른 꺼내 할머니의 시린 손에 끼워 드렸다. 손이 시리지 않게 챙겨드린 뒤 할머니를 보내드렸고, 할머니는 고맙다며 집으로 가셨다.

그로부터 얼마 후, 겨울이 깊어가는 어느 날이었다. 일을 마치고 친구들과 모임을 가졌다. 모임을 끝내고 자전거를 끌며 친구들과 신호등 앞까지 걸어 나오는데, 그날따라 아침에 바빠 장갑을 챙기지 못했던 내 손이 눈에 띄었나 보다.

한 친구가 날씨가 추운데 맨손으로 자전거를 타면 안 된다며 자신이 끼고 있던 장갑을 선뜻 내어주었다. 내가 괜찮다며 사양했지만, 친구는 돌려주지 않아도 된다며 내게 장갑을 선물해 주었다.

친구가 준 장갑을 끼고 자전거로 집으로 돌아오는 길, 내 손은 참 따뜻했다. 아니, 손보다 마음이 더 따뜻했다. 왠지 모르지만 그냥 마음이 따뜻하고 고마웠다. 오늘도 참 감사한 하루다.

장갑은 참 정직한 물건이다. 내 손의 온기를 가두어 시린 바람으로부터 보호해 주는 보호막이자, 누군가에게 건넬 때 가장 즉각적인 온기를 전하는 매개체이기도 하다.

할머니의 시린 손가락 마디를 걱정하며 장갑을 끼워드렸던 나의 작은 배려가, 시간이 흘러 친구의 손에서 내 손으로 전해지는 장갑이 되어 돌아왔을 때 나는 묘한 감동을 느꼈다.

장갑의 순환을 보며 세상의 보이지 않는 질서를 생각한다. 내가 누군가에게 내민 따뜻한 손길은 결코 사라지지 않는다. 그것은 공기 중에 흩어지는 것이 아니라, 누군가의 마음속에 머물다가 가장 추운 날 가장 뜻밖의 모습으로 나에게 다시 돌아온다.

인생은 어쩌면 서로의 시린 손을 번갈아 가며 감싸주는 긴 여정일지도 모른다. 오늘 내가 할머니께 드린 장갑이 초겨울의 바람을 막아주었듯, 친구가 내게 준 장갑은 한겨울의 고단함을 녹여주었다.

집으로 오는 길, 자전거 페달을 밟으며 다짐해 보았다. 앞으로도 내 마음의 서랍 속에는 누군가에게 언제든 내어줄 수 있는 '여분의 장갑'을 늘 준비해 두겠노라고 말이다.

선인선과(善因善果)

선한 일을 하면 선한 열매가 생기고, 악한 짓을 하면 악한 열매를 맺는다는 뜻으로, 선업을 닦으면 좋은 과보를 받는다는 말입니다.

음덕양보(陰德陽報)

남이 모르게 덕행을 쌓은 사람은 뒤에 그 보답을 받게 됨을 이르는 말입니다.

마음챙김

아침에 눈을 뜨면 가만히 자리에 앉는다. 깊게 숨을 들이마시고 내쉬며, 나의 숨소리를 가만히 쳐다본다. 생각을 바깥으로 내보내지 않고 오직 나의 호흡에만 집중하며 마음을 평안하게 가라앉힌다.

오늘 해야 할 일을 간단히 정리하고 가벼운 스트레칭으로 몸을 깨운다. 이렇게 나의 마음을 먼저 챙기고 나서야 비로소 나의 일과가 시작된다. 아이들의 밥을 챙기고 출근을 준비하는 이 시간은 하루 중 가장 중요한 과정이다.

예전에는 내가 어디에 있는지, 무엇을 하는지도 모른 채 휩쓸리듯 살아갈 때가 있었다. 하지만 이제는 적어도 나의 호흡을 고르고 마음을 챙기며 나를 쳐다볼 줄 알게 되었다.

마음챙김이란 내 몸과 마음의 상태를 있는 그대로 아는 것이다. 지금 이 순간의 경험에 대해 좋다 나쁘다 판단하지 않고, 흐르는 자극들을 그저 고요하게 관찰하는 과정이다. 삶의 수많은 경험 속에서도 흔들리지 않고 편안하게 살아가기 위해, 매일 아침 나를 챙기는 노력을 멈추지 않으려 한다.

예전에는 세상이 떠미는 대로 바쁘게만 살았다. 내가 어디로 가는지도 모른 채 발걸음만 재촉하던 시절이었다.

마음챙김은 거창한 것이 아니다. 내 마음이 아프면 아픈 대로, 지쳤으면 지친 대로 그저 '그렇구나' 하고 바라봐 주는 일이다. 평가하지 않고 그저 바라만 보아도 마음에는 잔잔한 평안이 찾아온다.

아침의 이 짧은 멈춤이 있기에, 나는 다시 미용실의 가위를 잡고 아이들의 밥상을 차릴 힘을 얻는다. 흔들려도 다시 돌아올 자리가 있다는 것, 그것이 내가 마음챙김을 통해 얻은 가장 큰 선물이다.

적연부동(寂然不動)

아주 고요하여 움직임이 없고, 마음이 흔들리지 않는 상태를 뜻합니다. 내면의 평온과 자제의 이상적 태도를 가리키는 표현으로도 쓰입니다.

수처작주(隨處作主)

어느 곳에 있든지 그곳에서 주인이 되라는 뜻으로, 외부 환경이나 조건에 휩쓸리지 않고 어떤 상황에서든 자기 삶의 주체로서 스스로 책임을 지고 주도적으로 행동해야 함을 강조합니다.

에필로그

미용실이라는 작은 공간에서 수많은 인연이 스쳐 지나갔습니다. 그들과 웃고 울며 보낸 시간 속에서, 혹여나 저의 부족함이나 서툰 배려가 누군가에게 작은 불편함을 주지는 않았을지 고요히 되돌아봅니다.

잠시 머물다 가시는 그 짧은 순간만이라도, 이곳이 당신에게 세상의 소란을 잊게 하는 평안한 자리였기를 바라는 마음뿐입니다.

이번에 글을 써 내려간 시간은 밖으로 향하던 시선을 내 안으로 돌려 나를 살피는 귀한 수행이었습니다. 매일 아침 숨을 고르며 마음을 챙기듯, 서툰 문장들로 저의 일상을 기록하며 비로소 마음의 평온을 얻었습니다.

대단한 깨달음은 아닐지라도, 이제는 흔들리는 세상 속에서 자신을 챙기며 나를 사랑하는 법을 조금은 알 것 같습니다.

부족한 저의 공간을 채워주시고, 변함없이 찾아주신 모든 분에게 깊은 감사를 전합니다. 당신이 있어 저 또한 성장할 수 있었습니다.

저는 내일도 미용실 문을 열며 손님을 맞이할 것입니다. 제가 찾은 이 고요한 평온이, 저를 찾아주시는 당신의 하루에도 잔잔하게 깃들기를 소망합니다. 함께 해주셔서 늘 감사드립니다.

평상심(平常心).

'평범하고 일상적인 마음'입니다. 특별한 기적이 아니라 매일 반복되는 가위질과 호흡 속에 진리가 있음을 알고, 늘 평온한 마음을 유지하려는 태도를 의미합니다.

"비우고 나니 비로소 맑아집니다. 오늘도 저는 그 고요함 속으로 걸어갑니다."

매일매일 아름답게

초판 1쇄 발행 2026년 2월 3일

지은이 조주연
펴낸이 권지현
펴낸곳 이음과펼침
책임편집 이음과펼침 편집부

출판등록 2025년 7월 21일 제2025-000129호
주소 서울시 서초구 양재동 392-3, 202B
이메일 connectnbloom@gmail.com
원고투고 connectnbloom@gmail.com
홈페이지 www.connectnbloom.com

ISBN 979-11-24329-02-3(03810)

· 가격은 뒤표지에 있습니다.

· 파본은 구입하신 서점에서 교환해 드립니다.